"LIANGTIAOTUI" GONGYEHUA ZHONG DE
XIANGZHEN QIYE

"两条腿"工业化中的乡镇企业

郑有贵 ◎ 著

北京出版集团
北京人民出版社

图书在版编目（CIP）数据

"两条腿"工业化中的乡镇企业／郑有贵著. — 北京：北京人民出版社，2023.10
ISBN 978-7-5300-0605-4

Ⅰ.①两… Ⅱ.①郑… Ⅲ.①乡镇企业—经济发展—研究—中国 Ⅳ.①F279.243

中国国家版本馆CIP数据核字（2023）第199919号

"两条腿"工业化中的乡镇企业
"LIANGTIAOTUI" GONGYEHUA ZHONG DE XIANGZHEN QIYE
郑有贵 著

*

北 京 出 版 集 团　出版
北 京 人 民 出 版 社
（北京北三环中路6号）
邮政编码：100120

网　　址：www.bph.com.cn
北 京 出 版 集 团 总 发 行
新 华 书 店 经 销
北京建宏印刷有限公司印刷

*

880毫米×1230毫米　32开本　7.5印张　132千字
2023年10月第1版　2023年10月第1次印刷
ISBN 978-7-5300-0605-4
定价：39.00元
如有印装质量问题，由本社负责调换
质量监督电话：010-58572393

目 录

前 言 ……………………………………………… 1

第一章 社队企业的孕育兴起（1949—1978） ……… 1
　一、农村手工业的恢复发展 …………………… 1
　二、农业生产合作社发展副业孕育社队企业 …… 4
　三、发展社队工业的战略构想 ………………… 14
　四、社队企业的曲折发展 ……………………… 21

第二章 社队企业大发展（1979—1983）………… 35
　一、"社队企业要有一个大发展"的新定位 …… 35
　二、出台促进社队企业发展的第一个国务院文件 … 39
　三、围绕要不要社队企业大发展开展辩论 ……… 44
　四、社队企业在国民经济调整中强化市场导向
　　　意识 ……………………………………… 49

五、在国民经济调整中力排众议推动社队企业
　　　　健康发展……………………………………… 54
　　六、实行整顿促进社队企业健康发展……………… 61
　　七、社队企业在改革、调整、整顿中实现健康
　　　　发展……………………………………………… 64

第三章　乡镇企业异军突起（1984—1988）……………… 69
　　一、促进社队企业开创新局面政策的出台和实施… 70
　　二、逐步解除流通政策对乡镇企业发展的约束…… 76
　　三、促进乡镇企业贸工农、技工贸结合…………… 81
　　四、把乡镇企业纳入国家重大发展计划…………… 84
　　五、加大对乡镇企业发展的支持…………………… 89
　　六、乡镇企业占据农村经济的"半壁江山"……… 94

第四章　乡镇企业在治理整顿中发展（1989—1991）… 99
　　一、治理整顿初期乡镇企业遭砍…………………… 99
　　二、继续鼓励和引导乡镇企业健康发展…………… 104
　　三、在治理整顿中促进乡镇企业发展能力提升… 106
　　四、乡镇企业在治理整顿中健康发展……………… 112

第五章　乡镇企业在市场经济体制下发展（1992— ）… 117
　　一、明确发展乡镇企业开创了一条有中国特色的
　　　　农村现代化道路………………………………… 118

二、促进中西部地区乡镇企业发展……………… 121
三、出台专门法律为乡镇企业发展保驾护航…… 126
四、建立市场经济体制进程中出台以促进乡镇
企业改革与发展为主题的中央文件…………… 129
五、乡镇企业的分化与乡镇企业概念中"乡镇"
二字的淡出……………………………………… 132

第六章 农民参与视角的乡镇企业组织制度变迁 …… 139
一、社队企业的社区集体经济性质与实行承包
经营改革………………………………………… 139
二、乡镇企业"多轮驱动"……………………………… 143
三、促进农民联营企业实行股份合作制…………… 147
四、乡镇企业由发展股份合作制向股份制演变… 161

**第七章 农村工业、乡镇企业在夹缝和歧视中发展的
实现机制** ……………………………………………… 169
一、农村社区集体统筹和积累是农村工业、乡镇
企业获得"第一桶金"的独特条件……………… 171
二、中国农民在城乡二元结构下形成和发扬
"四千四万精神"是农村工业、乡镇企业
发展的强劲动力………………………………… 174

三、低成本经营发展是农村工业、乡镇企业的
　　　　优势……………………………………………… 175

　　四、建立和完善市场经济体制是农村工业、乡镇
　　　　企业由在夹缝和歧视中生存向平等发展的
　　　　制度保障………………………………………… 178

　　五、农工商综合经营、一二三产业融合发展中
　　　　促进发展成果共享是农村工业、乡镇企业
　　　　增强聚集力的必然要求………………………… 181

第八章　乡镇企业的发展变化和历史性贡献………… 189

　　一、乡镇企业产业由高度集中计划经济体制下
　　　　拾遗补阙的"五小工业"向全面发展拓展… 190

　　二、乡镇企业地域布局由分散在乡村转向城镇
　　　　和产业园集中的改善…………………………… 200

　　三、乡镇企业规模由发挥"船小好掉头"优势
　　　　到为增强竞争力组建乡镇企业集团…………… 206

　　四、乡镇企业的历史性贡献……………………… 208

后　记………………………………………………… 221

前　言

　　1996年第八届全国人民代表大会常务委员会第二十二次会议通过的《中华人民共和国乡镇企业法》从投资主体、农村社区性、承担义务3个方面对乡镇企业[①]作出法律层面的界定。该法第二条规定："本法所称乡镇企业，是指农村集体经济组织或者农民投资为主，在乡镇（包括所辖村）举办的承担支援农业义务的各类企业。前款所称投资为主，是指农村集体经济组织或者农民投资超过百分之五十，或者虽不足百分之五十，但能起到控股或者实际支配作用。"这一法律突出了乡镇企业的组织特征，明确其是不同于国有企业、私营企业等一般意义的市场主体，既尊重了乡镇企业的历史缘起，也反映了其生存发展的必要性。

[①] 1984年中央四号文件《中共中央　国务院批转农牧渔业部和部党组〈关于开创社队企业新局面的报告〉的通知》将社队企业更名为乡镇企业。更名大致有两个方面的原因：一是对人民公社体制进行改革，实行政社分设；二是在农村不仅发展集体企业，还发展私营、个体、合伙企业，即多轮驱动。

以毛泽东同志为主要代表的中国共产党人基于工业地区布局、服务农业发展、推进农村现代化发展、促进工农城乡协调和国家现代化发展，提出在农村发展工业的战略。[①]这一战略的实施促进了社队企业和社队工业的孕育发展，以此为基础，改革开放后中国成功走出农村工业化发展道路，成功走出城乡"两条腿"工业化发展道路，是中国式现代化进程的组成部分。

根据经济体制和发展状况划分，乡镇企业发展大体经历了3个大的阶段。

第一阶段是社队企业在农村社区集体经济组织中孕育兴起。新中国成立后，农村延续发展传统手工业，从1958年起，在人民公社体制下社队企业发展"五小工业"[②]。由于高度集中的计划经济体制下社队企业的生存发展空间受到限制，但又绵绵不绝，因此被生动地喻为"野火烧不尽"的"草根企业"。本书用1章的篇幅，阐析自社会主义改造过程中建立农业生产合作社起，至中共十一届三中全会前社队企业的孕育兴起和曲折发展历程。

第二阶段是乡镇企业在发展有计划的商品经济的政策

[①] 参见郑有贵：《城乡"两条腿"工业化中的农村工业和乡镇企业发展——中国共产党基于国家现代化在农村发展工业的构想及实践》，《中南财经政法大学学报》，2021年第4期。

[②] "五小工业"是小钢铁、小煤矿、小机械、小水泥、小化肥等工业的统称。

下异军突起。改革开放初期，中国改革高度集中的计划经济体制，逐步引入市场手段，在公有制基础上发展有计划的商品经济。这一搞活政策的春风使乡镇企业"吹又生"，实现快速发展，邓小平同志用"异军突起"一词赞誉其实现意想不到的发展。在这一经济体制改革进程中，乡镇企业的发展引发争议，指责其与国营企业争原料、抢市场。加之乡镇企业粗放式增长存在产品质量、环境污染等问题，不时受到舆论打压，在经济调整中被关、停、并、转，其发展过程较为复杂。尽管如此，由于乡镇企业起步时就自己闯市场，形成能够适应市场调节的灵活机制，加之"船小好掉头"的优势，中国农民发扬踏遍千山万水、吃尽千辛万苦、说尽千言万语、历经千难万险精神（简称"四千四万精神"），抓住了短缺经济时期的历史性发展机遇，异军突起。鉴于这种艰难复杂性，第二个阶段可细分为1979—1983年、1984—1988年、1989—1991年3个小的阶段，本书用3章的篇幅加以阐析。

第三阶段是乡镇企业在社会主义市场经济体制建立和完善进程中开拓发展空间而逐步超越农村社区范围。自1992年起，中国在建立和完善社会主义市场经济体制进程中，进一步强调乡镇企业的战略地位，制定了专门法律——《中华人民共和国乡镇企业法》，对乡镇企业加以法律保护并促进其发展。在这样的政策和法律条件下，乡镇企业与国有企业争原料、抢市场的舆论逐渐淡化，对其实行特殊政策加以促进的紧迫性减弱，转而促其在市场竞争中优胜劣汰。不少企业进入产业园区和大中城市发展，加之实施产权制度改革，在开放发展中逐步突破农村社区性。鉴于1992年起乡镇企业所处体制和政策环境的平稳性，本书用1章的篇幅加以阐析。

本书在呈现乡镇企业发展历程的同时，还用了3章的篇幅展开综合考察分析，即基于农民参与视角考察分析了乡镇企业组织制度变迁，着眼于促进农村一二三产业融合发展启示探讨了农村工业、乡镇企业在夹缝和歧视中发展的实现机制，基于大历史观探讨了乡镇企业的发展变化和历史性贡献。

本书上述结构安排，既完整介绍由社队企业到乡镇企业的发展历程，也突出了受高度关注的乡镇企业的异军突起，又有针对性地回应了乡镇企业研究中的疑点问题，试图实现研究书写乡镇企业历程的历史意义和现实意义。

社队企业兴起及之后乡镇企业异军突起是特定历史条件下的产物，即在特定工业化初期发展阶段，依靠特定农村治理和发展机制——农村社区集体经济组织及其统筹和积累，从而获得"第一桶金"并孕育兴起，受益于特定经济体制转型进程中发展有计划的商品经济的搞活政策而异军突起，基于市场经济体制拓展发展空间而突破农村社区性。乡镇企业从农村社区兴起到突破农村社区性，实现了由高度集中计划经济体制下拾遗补阙发展"五小工业"向搞活改革进程中全面发展的产业拓展，由散落乡村向城镇和产业园集中的地域布局改善，由发挥"船小好掉头"优势到为增强竞争力而向规模化发展，有不少乡镇企业发展成为上市公司。中国农村工业、乡镇企业在夹缝和歧视中生存发展乃至异军突起，能够成功走出农村工业化发展道路、城乡"两条腿"工业化发展道路，缘于中国在农村发展工业的战略主张，在中国特色农村治理结构下探索出独特的实现机制：在走共同富裕道路进程中构建起的农村社区集体经济组织统筹和积累机制，是农村工业、乡镇企业能够获得"第一桶金"并成功起步的独特条件；中国农民在城乡二元结构下形成和发扬"四千四万精神"，是农村工业、乡镇企业发展的强劲动力；低成本经营发展，是农村工业、乡镇企业的优势；建立和完善市场经济体制，是农村工业、乡镇企业由在夹缝和歧视中生存向平等发展的制度保障；农工商综合经营、一二三产业融合发展中促进发展成果共享，是农村工业、乡镇企业增强聚集力的必然要求。这些拓展农村产业发展的历史智慧和经验，在新时代促进农村一二三产业融合发展，进而全面推进乡村振兴，具有重要启示意义。

农村工业、乡镇企业在中国经济社会发展进程中的历史性贡献不可磨灭。在基于国情且不同于苏联不让集体农庄发展工业的工业化道路上，作为没有被纳入国家直接计划的农村工业，发展到在全国工业中曾占据"半壁江山"，乡镇企业在整个国民经济中曾"三分天下有其一"，是中国由农业国发展成为全球制造业第一大国、世界第二大经济体的重要因素之一。乡镇企业和农村工业化的发展，促进了农村城镇化发展，拓展了"三农"发展空间，在破解"三农"难题上发挥了重要作用。这也表明，在农村人口众多的情况下，在农村发展工业乃至促进一二三产业融合发展，是解决好"三农"问题，乃至促进工农城乡协调发展和整个国家现代化的战略举措。

在中国特色农村治理体系下，社队企业及之后的乡镇企业，有农民主体性参与和农村社区性两个基本特征。乡镇企业组织制度经历的复杂变迁是在国家经济体制复杂变迁进程中展开的。乡镇企业组织制度最初实行单一的社、队集体所有和统收统支，中共十一届三中全会前后部分社、队对所属企业实行"几定奖赔"责任制；改革初期实行集体、个体等"多轮驱动"，社、队集体企业实行承包经营等"一包三改"；在将股份合作制视为社会主义性质情况下，农民联营企业基于发展的内在需要向股份合作制发展；在将股份制明确为公有制主要实现形式下，以及促进以股份制为基础的现代企业制度建设，乡镇企业由发展股份合作制向股份制演变。乡镇企业在改革发展过程中逐步突破农民主体性参与和农村社区性，主要有3个方面的表征：一是由于乡镇企业产权制度变化，特别是不少乡镇企业发展成为上市公司，突破了《中华人民共和国乡镇企业法》关于乡镇企业由农村集体经济组织或农民投资超过50%，或虽不足50%但能起控股或实际支配作用这一投资主体的界定，农民参与的主体性弱化。二是乡镇企业向小城镇和工业园区集中，乃至有的将其总部转到大中城市，突破了《中华人民共和国乡镇企业法》有关在乡镇（包括所辖村）举办的这一界定。三是乡镇企业由为农业生产服务、为人民生活服务、为大工业服务、为出口服务（简称"四个服务"）到各产业全面发展，突破了《中华人民共和国乡镇企业法》有关承担支援农业义务这一企业类别的界定。简言之，乡镇企业概念从现实中逐步淡出，不是因为乡镇企业全面衰败，而是因为起步于农民主体性参与和农村社区的乡镇企业突破农民主体性参与和农村社区性的状况了。加之乡镇企业、乡镇企业家在市场经济发展中不愿意再冠上"土气"的"乡镇"二字，因而在称谓上将"乡镇企业""乡镇企业家"中的"乡镇"二字去掉。农民主体性参与和农村社区性是乡镇企业在夹缝和歧视中发展乃至异军突起的内在因素。以股权联结尤其是股份合作制激励农民主体性参与一二三产业融合发展，既是乡镇企业组织变迁的重要历史启示，也是践行共享发展理念、全面推进乡村振兴的要求。

第一章 社队企业的孕育兴起（1949—1978）

新中国将农民组织起来，发展农业生产合作社及之后的人民公社，这样的社区集体经济组织孕育了农村社区企业——社队企业。中国作为工业化后发国家，在追赶世界工业化进程中，全国一盘棋集中力量实施国家工业化战略，把工业特别是重工业集中在城市和工矿区，在农村则主要发展初级农产品生产和"五小工业"。在走共同富裕道路进程中，发展农村集体经济及由此构建起的社区集体统筹和积累机制，成为社办工业、社队企业乃至以此为基础的农村工业、乡镇企业异军突起的独特因素。

一、农村手工业的恢复发展

中国农村家庭手工业历史悠久。在农业社会，自给自足占主导地位，农民以生产自己需要的农产品为主，手工业为附属产业——"以副养农"，"男耕女织"就是这种农业生产与手工业产品生产在以家庭为单位的结合的形象表述。到明清时期,商品经济发达地区的农民转变为独立手工业者的情况才逐步增多。在这样的农村产业结构下,将从事种植业以外兼营或专营的其他生产统称副业。

新中国成立前,全国兼营"四坊""五匠"的约1000多万人,包括手工业在内的农村副业在国民经济中所占的份额很小。按1952年不变价格计算,到1949年,城乡手工业产值为32.9亿元,在全国工业总产值中所占份额为23%;农村副业产值为11.6亿元,仅为农业总产值的4.3%。[①]

新中国在成立初期采取措施促进农村手工业的恢复发展。一方面,在土地改革中,对工商业进行保护。1950年6月28日,基于兼营工商业者多数是地主,仅有少数是农民,中央人民政府委员会第八次会议通过的《中华人民共和国土地改革法》第四条规定:"保护工商业,不得侵犯。地主兼营的工商业及其直接用于经营工商业的土地和财产,不得没收。不得因没收封建的土地财产而侵犯工商业。工商业家在农村中的土地和原由农民居住的房屋,应予征收。但其在农村中的其他财产和合法经营,应加保护,不得侵犯。"同年8月,政务院第四十四次政务会议

[①] 马杰三主编:《当代中国的乡镇企业》,当代中国出版社1991年版,第8页。

通过的《政务院关于划分农村阶级成分的决定》进一步明确：“地主兼工商业者，其土地及其与土地相连的房屋、财产没收。其工商业及与工商业相连的厂屋、店铺、住房、财产等不没收；富农兼工商业者，其土地及与土地相连的房屋、财产，照富农成分处理。其工商业及与工商业相连的厂屋、店铺、住房、财产，照工商业者处理。”1951年3月7日，中共中央发布《关于划分农村阶级成分的补充规定（草案）》，根据实践中发生的一些新问题，对《政务院关于划分农村阶级成分的决定》加以解释和补充规定。其中，第八条对"农村工商业家"作出规定：“（一）家居农村，以雇工经营工商业（如开杂货铺、砖窑、做酒、船主等）为其生活之全部或主要来源者，应划为工商业家成分。工商业家兼有并自耕的土地不动；其出租的土地和自己不参加劳动或只有附带劳动而雇工耕种的土地，应按土地改革法第四条的规定处理之。如其家庭仍须依靠土地维持生活之一部者，可按土地改革法第十三条第四项规定的原则，酌情保留一部分。有些地区的农村中，有以出租农用船只为其生活之主要或全部来源者，其成分应定为船主，在土地改革中，也应按工商业家待遇。（二）农民兼营小杂货铺、砖瓦窑等或兼出租数只农船者，其成分仍为农民，其兼营的小铺等应加保护。富农兼营的工商业及出租的农船，亦应保护不动。地主的农船，则按农具没收处理之；但地主兼营的运输用的船只及其他工商业，则应保护不动。"各地贯彻执行这些政策，农村手工业者和农民兼营的副业、杂货铺、小作坊，以及地主、富农兼营的工商业，在土地改革中受到了保护。

另一方面，国家扶持农村副业、手工业发展。一是通过国家救济、国家银行贷款支持、根据自愿原则联合组织信用合作社、鼓励农民之间自由借贷资金融通、国营贸易部门采取预付部分货款等办法解决生产资金不足的困难。二是疏通购销渠道，促进货畅其流。三是引导农民开展劳动互助。

在国家保护和积极扶持下，全国农村手工业等副业快速恢复发展。1952年，全国农村副业产值由1949年的11.6亿元增加到18.3亿元，增长57.8%，年递增率16.5%。农村手工业等副业的恢复发展，既支援了农业生产，也促进了农民收入增加和生活水平提高，过去农民买不起的搪瓷面盆、口杯、热水瓶、毛线等工业品开始进入普通农民家庭。

二、农业生产合作社发展副业孕育社队企业

在农业社会主义改造过程中，国家促进农村家庭手工业组织化，经历了手工业生产合作社和农业生产合作社兴

办手工业并进，再向促进手工业合作社并入农业生产合作社的过程。农业生产合作社发展手工业和建立手工业生产合作社，建立起土地等生产资料集体所有制，突破了古代即形成的农村手工业家庭生产经营模式，成为社队企业的雏形。

1951年12月15日，中共中央在印发的《关于农业生产互助合作的决议（草案）》中，要求"在一切已经完成了土地改革的地区都要解释和实行"，并"当作一件大事去做"。这一文件指出，在适宜于当地的条件下，发展农业和副业（手工业、加工工业、运输业、畜牧、造林、培养果树、渔业及其他）相结合的互助。按照农业和副业的需要和个人的专长，实行合理的分工分业，并把妇女及其他半劳动力组织起来，使人尽其力。1953年12月16日，中共中央印发的《关于发展农业生产合作社的决议》指出：在以发展农业生产为主的方针下，农业生产合作社可以利用自己多余的劳动力和财力兼顾其他可能发展的副业，并使副业的经营能够为扩大农业生产服务。

1955年毛泽东在《多余劳动力找到了出路》一文按语中指出："根据这两个合作社的情况，按照现在的生产条件，就已经多余了差不多三分之一的劳动力。过去三个人做的工作，合作化以后，两个人做就行了，表示了社会主义的优越性。多余的三分之一甚至更多的劳动力向哪里找出路呢？主要地还是在农村。……他们可以组织起来，向一切可以发挥自己力量的地方和部门进军，向生产的深度和广度进军，替自己创造日益增多的福利事业。"①在《湘阴县解决了剩余劳动力的出路问题》一文按语中，毛泽东进一步指出："这个县的情况也告诉我们，乡村中的剩余劳动力是能够在乡村中找到出路的。"农村副业，一个很大的部分是为农村服务的，但必须有一个不小的部分为城市和出口服务，将来这部分可能扩大起来。问题是国家要有统一的计划，一步一步地去掉盲目性。②

1955年11月9日，第一届全国人民代表大会常务委员会第二十四次会议通过的《农业生产合作社示范章程草案》规定，农业生产合作社应该根据需要和可能，积极地经营副业生产，逐步地发展农业同手工业、运输业、畜牧饲养业、渔业、林业等生产事业相结合的多种经济，以便发挥合作社的潜力，帮助农业和整个农村经济的发展；在不妨碍合作社生产的条件下，农业生产合作社应该鼓励和帮助社员经营宜于分散经营的家庭副业生产。

1956年6月30日，第一届全国人民代表大会第三次会议通过的《高级农业生产合作社示范章程》第一条规定，农业生产合作社（本章程所说的农业生产合作社都是指的

---

① 《毛泽东文集》第6卷，人民出版社1999年版，第457页。
② 《建国以来毛泽东文稿》第5册，中央文献出版社1991年版，第532页。

高级农业生产合作社）是劳动农民在共产党和人民政府的领导和帮助下，在自愿和互利的基础上组织起来的社会主义的集体经济组织。第二条规定，农业生产合作社按照社会主义的原则，把社员私有的主要生产资料转为合作社集体所有，组织集体劳动，实行"各尽所能，按劳取酬"，不分男女老少，同工同酬。第二十八条规定，农业生产合作社要根据需要和可能，积极地发展林业、畜牧业、水产业、手工业、运输业、养蚕业、养蜂业、家禽饲养业和其他副业生产。在不妨碍合作社生产的条件下，合作社应该鼓励和适当地帮助社员经营家庭副业。

在农业生产合作化过程中，农村兼业手工业者的农民，加入到农业生产合作社。

国家在农业生产合作社发展包括手工业在内的副业中，及时处理遇到的以下问题。

第一，关于农业生产合作社社员私有大型副业生产工具入社问题。《农业生产合作社示范章程草案》第三十一条规定：社员的大型的副业工具和副业设备，应该按照副业的性质来处理。如果副业宜于由家庭经营，工具和设备应该归社员自己所有；如果副业宜于由合作社集体经营，工具和设备可以按照处理社员私有的大型农具的办法处理（本示范章程第二十七、二十八条规定，社员私有的大型农具可由合作社向社员租用，或折价归合作社）。之后的《高级农业生产合作社示范章程》规定：社员私有大型副业生产工具转为合作社集体所有，要按照当地的正常的价格议定价款的数目，分期付给本主。付清的时间一般为3年，至多不超过5年。1956年9月中共中央、国务院发布的《关于加强农业生产合作社的生产领导和组织建设的指示》作出补充规定：有些副业设备较大，价值较高，作价入社以后，3—5年内还清价款确有困难的，可以商得社员的同意，酌量延长还清期限。实际上，不少农业生产合作社没有兑现或没有完全兑现上述规定。

第二，关于农业生产合作社副业的经营管理和分配问题。《农业生产合作社示范章程草案》第四十三条规定：副业规模比较大的农业生产合作社，可以根据需要，设专门负责副业的生产队或生产组。《高级农业生产合作社示范章程》规定，农业生产合作社可以实行包产和超产奖励；副业生产小组或副业生产队，必须保证完成规定的产量计划，还必须保证某些副业产品达到一定的质量；对于超额完成了生产计划的，应该斟酌情形多给劳动日，作为奖励；对于经营不好，产量或产品质量达不到计划的，应该斟酌情形扣减劳动日，作为处罚。1956年9月中共中央、国务院发布的《关于加强农业生产合作社的生产领导和组织建设的指示》明确农业生产合作社应该积极发展副业生产，除了必须集体经营的可以由社统一经营外，一切利于分散经营的，应该尽可能鼓励和帮助社员家庭各自经营或提倡社有私营，做到合理分工，有利生产。不加区别地把副业生产一律集中到合作社或者不应有的限制社员搞副业生产的偏向，都必须纠正。乡村技艺性较高的专业性的手工业者，可以在农业社内组成单独的专业小组，单独计酬，自负盈亏。专业小组成员之间，必要时也可实行自负盈亏的办法，分散或外出进行生产活动，合作社不应限制他们。1957年10月，国务院发出的《关于统一管理农村副业生产的通知》规定，农业合作社根据各种副业生产的特点及其与农业生产的关系，应该分别采取不同的经营办法和分配办法，可以由农业社（或者农业生产队）统一经营，统一分配，也可以由副业生产队（组）在农业社统一领导和统一安排下，独立经营，自负盈亏，但在分配时应向农业社缴纳一定数量的公益金和公积金。实行农业、副业收入统一分配的时候，必须注意到，有些技术性比较高的副业劳动，应该根据按劳取酬的原则，给以稍高于农业劳动的报酬，以免有些社员因为农业和副业统一分配而减少收入。某些适合于分散经营的家庭副业，应该在农业合作社的统一安排和帮助下，由社员家庭分散经营，收益全部归个人所有。有一些服务性质的行业（如理发、缝衣、阉猪、补锅、磨刀和其他零星的铁木竹器修理等等），可以按照原来的方式继续个人单独作业，所得收入，除了经过全社群众协议，认为有必要交付少量公积金和公益金的以外，其余的全部归个人，不必交社统一分配。

第三，关于农业生产合作社与手工业生产合作社的关系。这经历了3个小的阶段。

第一个阶段是兴办手工业生产合作社和农业生产合作社兴办手工业并进。在手工业社会主义改造过程中，家在农村而到城镇从事手工业生产的专业手工业者，参加了城镇组织的手工业生产合作社或小组。分散在乡镇就地从事手工业生产的专业手工业者，也参加手工业生产合作社或小组，由县手工业联社（之后的第二轻工业系统）管理。在农村兼营手工业的农民成为农业生产合作社发展副业生产的骨干，由他们组成农业生产合作社的铁木、编织、农副产品加工组、队或手工业工场、作坊。在兴办初期发生了一些矛盾，手工业社和农业社之间互争社员，互争市场；有一些农业生产合作社为了发展副业生产，把自己所生产的手工业原料控制起来，使某些城镇手工业企业的原料供应不足；有些地方的手工业管理部门规定农村兼营手工业的农民必须单独组成手工业生产合作社，不准参加农业生产合作社；有些地方甚至完全限制农业生产合作社从事某些手工业生产活动。

第二个阶段是针对存在的问题，中共中央、国务院采取措施理顺关系。1956年4月3日,中共中央、国务院印发的《关于勤俭办社的联合指示》指出:除了城镇中的手工业者和乡村中比较集中的以从事手工业生产为主的手工业者,单独组织手工业生产合作社以外,应当允许农村中分散的和以农业为主兼营手工业的手工业者加入农业生产合作社。6月30日,《高级农业生产合作社示范章程》第四十八条规定,农业生产合作社要加强同其他农业生产合作社、手工业生产合作社、供销合作社、信用合作社之间的团结,要注意团结社外农民。

第三个阶段是引导分散在农村的手工业者加入农业生产合作社和农村中已经组织起来的手工业生产合作社(组)同农业生产合作社合并。1956年9月12日,中共中央、国务院印发的《关于加强农业生产合作社的生产领导和组织建设的指示》指出:城、乡的手工业者应该分别加以组织。分散在乡村的手工业者,根据自愿原则,一般的应该参加农业社,城镇的手工业者应该参加手工业合作社,城镇的手工业社不应该限制农业社的手工业活动,农业社也不应该到城市吸收手工工人和设立门市部。应该特别注意,不要打乱农村副业与城镇手工业之间原来的分工协作关系和手工业产品的城乡之间、地区之间原来的供销关系,以免引起混乱。1957年10月22日,国务院印发的《关于统一管理农村副业生产的通知》规定:农村手工业（城市和集镇的手工业不包括在内）一般是分散的，同农业结合在一起的。在农村中单独建立手工业生产合作组织，并且从上到下集中管理的办法，实行起来，困难较多，和农民的矛盾较多，也不利于生产。因此，农村中尚未组织起来的个体手工业者和兼营手工业的农民，一般可以根据自愿的原则，参加农业合作社，组成农业合作社的副业生产队（组），而不要单独建立手工业合作社。农村中已经组织起来的手工业合作社（组），可以根据自愿原则同农业合作社合并，作为农业合作社的副业生产组织，而不再作为县以上手工业联社的基层组织。农村中的手工业合作社，同农业合作社合并以后，它们原来同手工业联社之间，在原料供应和产品销售方面的关系，应该逐步由供销合作社接替。对于某些技艺性较高的农村手工业，手工业管理局（处、科）仍然有责任给以技术指导。

这些规定的贯彻执行，较好解决了城镇手工业与农业生产合作社副业之间的矛盾，两者之间保持联系合作，许多传统产品或劳动密集型产品如刺绣、抽纱、花边、地毯、编织和雕刻等的生产或者某一产品某些工序的加工，仍然维持原来的方式，有偿给农业生产合作社或社员家庭作为副业进行生产、制作。这种生产上的联系一直延续到20世纪80年代。

1952—1957年，国家高度重视发展包括手工业在内的农村副业发展,在推进农村手工业组织化的同时,还对发展农村副业给予低息贷款等扶持政策,促进了农村副业的发展。按1957年不变价,全国农村副业产值由1952年的18.3亿元,增加到1957年的22.9亿元,5年增长25.1%,年均增长4.6%。尽管如此,农村副业增长低于同期农业增长28.7%,年均增长5.2%,由此导致农村副业总产值在农业总产值中的占比由1952年的4.4%下降为1957年的4.3%。

农村副业没有实现更快速发展的原因主要有:一是在兴办城镇农村手工业过程中,一部分农村手工业向城镇转移。二是国家在城镇快速发展农产品加工业。鉴于此,1956年9月,中共中央、国务院发布的《关于加强农业生产合作社的生产领导和组织建设的指示》指出,农产品加工业不宜过分集中于城市。过分集中就不能满足农民对于饲料和肥料的要求,同时,这也是造成农村副业生产下降的一个原因。因此,不宜在城市过多地发展碾米、轧花、榨油等加工厂,除了给现在加工厂供应必要的原料以外,其余的农产品应该尽量由当地乡、镇加工或由农业生产合作社分散加工(国家还可供应农民原粮,由农民自己加工)。必须在城市加工的,也应该调整副产品(糠麸、油饼等)的价格,并且保证一定比例的副产品返还原料产地。三是发展农业生产合作社过程中,由于要求过急,工作过粗,改变过快,形式也过于单一,一些地方在互助组转农业生产合作社时发生农民卖牲畜、杀羊、滥伐树木、变卖农具等现象。四是在农业生产合作社中，偏重农业，而对副业有所忽视。五是对农产品实行统派购制度，农民发展手工业等副业原料不足。六是农村副业生产受到不许从事商业流通的限制。中共中央早在1953年12月发布的《关于发展农业生产合作社的决议》中明确规定：经营商业不能够作为农业生产合作社的副业。农业生产合作社的买卖应通过供销合作社去进行。但从事物资的运输以获取力资而不是从事贩卖以谋取商业利润，则是可以允许的。在宣传过渡时期基本路线、1957年开展的社会主义教育中，把经营商业视为"剥削"，进而将商业剥削视为资本主义自发倾向的具体表现。这些割断了农村副业生产与市场流通的有机联系，农村副业生产处于封闭状态而难以实现较快发展。

三、发展社队工业的战略构想

中国自1953年起开始进行大规模经济建设，启动了以发展重工业为主的国家工业战略。这年起，中国在实施国民经济第一个五年计划时，集中主要力量发展重工业，启动了以工业为主的156个重大工程项目建设，将这些项目主要布局在城市和工矿区。新中国成立后，中国共产党和政府鼓励农村因地制宜发展传统手工业,但没有把计划经济体制下实施的国家重大工业建设项目安排给农村经济组织实施。即便20世纪60年代中期启动的大规模经济建设行动计划——三线建设,将重大工矿项目布局在中西部地区的偏远山区,但也由国家直接组织实施,嵌入式建设,不属于农村工业的范畴。

以毛泽东同志为主要代表的中国共产党人,明确在农村发展工业,突破在农村仅鼓励发展手工业的产业布局,起于1958年。中国共产党提出在农村发展工业,并非是一种临时应对之策,一开始就是一种基于工业的地区布局、服务农业发展、推进农村现代化发展、促进城乡协调和国家现代化发展的战略构想。

第一,在农村发展工业是促进地方工业发展的战略。这不同于苏联的工业布局。1958年1月,毛泽东在南宁会议上提出大力发展地方工业的设想,还提出了地方工业要超过农业产值的发展目标。会后,国家经济委员会根据毛泽东的意见,起草了《关于发展地方工业的意见》。该意见提出,在干部中应该提倡,既要学会办社,又要学会办厂。同年3月,中共中央在成都召开由中央有关部门负责人和各省、自治区、直辖市党委第一书记参加的工作会议。毛泽东在会上进一步阐述了发展地方工业和农村工业的构想。他指出,苏联不工农并举,反对大中小。我们是大中小结合。基础放在小的上，靠地方，靠小的。农业社也可以办加工业。大社可办一些加工厂，最好由乡办，或几个乡镇合办。①这里首次提出社办工业、乡办工业，在实际上指出了在农村集体经济组织框架下发展工业的新路径。

第二，在农村发展工业是服务农业的战略。1958年3月中央在成都召开的工作会议通过的《中共中央关于发展地方工业问题的意见》，经4月5日召开的政治局会议批准执行。意见指出：县以下办的工业主要应该面向农村，为本县的农业生产服务。为此，在干部中应该提倡，既要学会办社，又要学会办厂。现在各地县以下工业企业的形式，大体上可分为县营、乡营，合作社（农业社或手工业社）营，县、社或乡、社合营等三种。意见还对社办工业的生产经营范围给予明确，即农业社办的小型工业，以自产自用为主，如农具的修理，农家肥料的加工制造，小量的农产品加工等。②同年12月10日，中共八届六中全会通过的《关于人民公社若干问题的决议》指出，人民公社的工业生产，必须同农业生产密切结合，首先为发展农业和实现农业机械化、电气化服务，同时为满足社员日常

---

① 农业部农业政策研究会：《毛泽东与中国农业——专家学者纪念毛泽东诞辰100周年文集》，新华出版社1995年版，第190—191页。

② 中共中央文献研究室编：《建国以来重要文献选编》第11册，中央文献出版社1995年版，第225—226页。

生活需要服务，又要为国家的大工业和社会主义的市场服务。①明确从服务农业发展出发发展农村工业，指明了农村工业的生长点和市场，对于没有被纳入国家计划的农村工业而言，这成为农村工业发展的机会和希望，实际上是没有"计划"的"计划"。

第三，在农村发展工业是促进农村现代化的战略。在工业化进程中，农村究竟是什么样的社会结构？1958年8月，毛泽东考察农村时，提出工农商学兵结合②的社会结构。在农村发展工业，这就改变了农业社会时期农村主要发展农业的产业结构，指出了拓展"三农"发展空间的方向。根据这一构想，同月17—20日在北戴河召开的中共中央政治局扩大会议，作出《关于在农村建立人民公社问题的决议》，决定建立农林牧副渔全面发展、工农商学兵互相结合的人民公社。12月10日，中共八届六中全会通过的《关于人民公社若干问题的决议》指出，人民公社必须大办工业。公社工业的发展不但将加快国家工业化的进程，而且将在农村中促进全民所有制的实现，缩小城市和乡村的差别。应当根据各个人民公社的不同条件，逐步把一个适当数量的劳动力从农业方面转移到工业方面，有计

---

① 中共中央文献研究室编：《建国以来重要文献选编》第11册，中央文献出版社1995年版，第610页。
② 《毛主席视察山东农村》，《人民日报》，1958年8月13日第1版。

划地发展肥料、农药、农具和农业机械、建筑材料、农产品加工和综合利用、制糖、纺织、造纸以及采矿、冶金、电力等轻重工业生产。[①]1959年2月底至3月初，毛泽东在郑州会议上指出："目前公社直接所有的东西还不多，如社办企业、社办事业、由社支配的公积金、公益金等。虽然如此，我们伟大的，光明灿烂的希望也就在这里。"[②]"苏联的集体农庄，不搞工业，只搞农业。"我们"过去想过，赚钱的工业要乡政府搞，不要合作社搞，这有点斯大林主义残余"[③]。

第四，在农村发展工业是促进城乡协调发展和整个国家现代化的战略。1945年4月24日，毛泽东在中共七大所作的《论联合政府》报告中，主张农民进城、当工人，指出："农民——这是中国工人的前身。将来还要有几千万农民进入城市，进入工厂。如果中国需要建设强大的民族工业，建设很多的近代的大城市，就要有一个变农村人口为城市人口的长过程。"[④]新中国成立后，毛泽东对这一问题的认识发生了转变，主张在农村发展工业和办小城市，这基于如下考虑：其一，基于国情的国家现代化建

---

① 中共中央文献研究室编：《建国以来重要文献选编》第11册，中央文献出版社1995年版，第610页。

② 《建国以来毛泽东文稿》第8册，中央文献出版社1993年版，第69页。

③ 农业部农业政策研究会：《毛泽东与中国农业——专家学者纪念毛泽东诞辰100周年文集》，新华出版社1995年版，第191页。

④ 《毛泽东选集》第3卷，人民出版社1991年版，第978页。

设层面的考虑。在1959年2月的郑州会议上,毛泽东分析指出:"我国有一个特点,人口有六亿如此之多,耕地只有十六亿亩如此之少,不采取一些特别办法,国家恐怕搞不好。""中国农村有五亿多农村人口从事农业生产,每年劳动而吃不饱,这是最不合理的现象。美国农业人口只占13%,平均每人有二千斤粮食,我们还没有他们多,农村人口要减少怎么办?不要拥入城市,就在农村大办工业,使农民就地成为工人。""将来达到一半劳动力搞工业,这样我们的国家就像个样子了。"[①]其二,从大城市承接能力考虑。1959年12月—1960年2月,毛泽东在读苏联《政治经济学教科书》时谈话指出:"在社会主义工业化过程中,随着农业机械化的发展,农业人口会减少。如果让减少下来的农业人口,都拥到城市里来,使城市人口过分膨胀,那就不好。从现在起,我们就要注意这个问题。要防止这一点,就要使农村的生活水平和城市的生活水平大致一样,或者还好一些。"[②]"有了公社,这个问题就可能得到解决。每个公社将来都要有经济中心,要按照统一计划,大办工业,使农民就地成为工人。公社要有高等学校,培养自己所需要的高级知识分子。做到这些,

---

[①] 农业部农业政策研究会:《毛泽东与中国农业——专家学者纪念毛泽东诞辰100周年文集》,新华出版社1995年版,第192页。
[②] 《毛泽东文集》第8集,人民出版社1999年版,第128页。

农村的人口就不会再向城市盲目流动。""斯大林对农民总是不放心,把农民卡得死死的,用拖拉机站来控制农民,结果吃了亏。"①其三,从大城市的安全考虑。1959年,毛泽东读《社会主义政治经济学》时指出:"将来的城市可以不要那么大。要把大城市居民分散到农村去,建立许多小城市。在原子战争的条件下,这样也比较有利。"②其四,从有利于促进城乡协调发展和国家现代化发展出发。中共八届六中全会通过的《关于人民公社若干问题的决议》指出,公社工业的发展不但将加快国家工业化进程,而且将缩小城市和乡村的差别。③

综上所述,在农村发展工业,让农民就地成为工人,是以毛泽东同志为主要代表的中国共产党人对中国工农城乡结构的创新性探索。改革开放后,中央坚持推进这些构想的实施。1984年中共中央、国务院转发农牧渔业部和部党组《关于开创社队企业新局面的报告》的通知指出,乡镇企业发展,必将促进集镇的发展,加快农村的经济文化中心建设,有利于实现农民离土不离乡,避免农民涌进城

---

① 中华人民共和国国史学会编:《毛泽东读社会主义政治经济学批注和谈话(国史研究学习资料·清样本)》(上),1998年1月印,第197页。
② 中华人民共和国国史学会编:《毛泽东读社会主义政治经济学批注和谈话(国史研究学习资料·清样本)》(下),1998年1月印,第739页。
③ 中共中央文献研究室编:《建国以来重要文献选编》第11册,中央文献出版社1995年版,第609—610页。

市。①改革开放后中国成功走出农村工业化发展之路，验证了以毛泽东同志为主要代表的中国共产党人关于在农村发展工业的战略构想是很有前瞻性的。

四、社队企业的曲折发展

尽管以毛泽东同志为主要代表的中国共产党人提出发展农村工业和小城市的战略构想，但由于受国家将工业主要布局在城市和工矿区、国民经济波动以及政治运动等影响，1958—1978年农村工业乃至整个社队企业的发展并非一帆风顺，而是经历了曲折的过程。

（一）在"大跃进"和人民公社化运动中农村工业上升为相对独立的产业

根据中共八届六中全会通过的《关于人民公社若干问题的决议》提出的"人民公社必须大办工业"的要求，全国各地加强对农村工业的领导，许多公社党委专设了工业书记，公社管理委员会设置工业管理机构。在全国开展大办钢铁运动中，公社组织农民群众投入小高炉炼铁的大办钢铁运动，迅即办起一大批小型炼铁、小矿山、小煤窑、

---

① 中共中央文献研究室、国务院发展研究中心编：《新时期农业和农村工作重要文献选编》，中央文献出版社1992年版，第264页。

小农机修造、小水泥、食品加工和交通运输等企业。在农村人民公社化运动中，刮"共产风"，把原来农业生产合作社已建立的许多副业小厂无偿地转为由公社举办，把原农业生产合作社办的种植、养殖场也收归公社所有。受"大跃进"和刮"共产风"叠加影响，公社工业一哄而起，小工厂在农村快速兴建起来。据统计，到1959年6月底，即人民公社兴办不到一年的时间内，全国社办工业企业多达70万个，总产值达71亿元，约占全国工业总产值的10%。这些表明，农村工业不再是农村的副业，而是上升为相对独立的产业。

（二）在国民经济调整中压缩社队企业

在"大跃进"和农村人民公社化运动导致农业产量大幅下降和国民经济严重困难的情况下，中共中央决定对国民经济进行调整，实行"调整、充实、整顿、提高"8字方针。其中，面对农业大幅度减产的严峻局面，在国民经济调整中首先解决全国人民吃不饱饭的困难。1960年8月10日，中共中央发出《关于全党动手，大办农业，大办粮食的指示》，11月3日中共中央又发出《关于农村人民公社当前政策问题的紧急指示信》，都从加强农业生产第一线、保证农业生产第一线有足够劳动力的角度，提出了包括压缩农村工业的措施。社队企业经过整顿、收缩，有的因退赔而解体，有的归还手工业生产合作社管理，有的因不具备生产条件而关停，有的下放生产队转为副业。全国社办工业企业由1959年6月底的70万个，压缩到1961年的4.5万个，产值由71亿元大幅下降到19.8亿元。

从1962年起，中共中央明确农村人民公社一般不办工业企业。1961年3月，中央工作会议通过的《农村人民公社工作条例（草案）》第十二条规定，公社管理委员会根据需要和可能，可以有步骤地举办社办企业。社办企业，可以由公社单独投资举办，可以由公社和大队共同投资举办，也可以由几个公社联合投资举办。到1962年，人民公社办企业的政策发生重大改变。5月27日，中共中央、国务院作出《关于进一步精减职工和减少城镇人口的决定》，明确提出农村人民公社一般不办工业企业，指出：农村社办工业企业有126万多人，摊子多，人数多，产值低，劳动生产率低，原材料浪费大，消耗商品粮不少，一般应当停办，人员回到生产队。其中一部分可以根据当地条件，在生产队中或者仍在公社和大队中从事季节性的手工业和加工工业，或者回到生产队中从事个体手工业和家庭副业。个别条件较好、确有必要保留的工业企业，整顿后成为独立核算单位，或者改为手工业合作社，归公社管理。今后，在调整阶段，农村人民公社一般不办工业企业。农村人民公社一般不办企业的政策，又写入1962年9

月中共八届十中全会通过的《农村人民公社工作条例（修正草案）》。条例第十三条规定：公社管理委员会，在今后若干年内，一般不办企业。已经举办的企业，不具备正常生产条件的，不受群众欢迎的，应该一律停办。需要保留的企业，应该经过社员代表大会讨论决定，分别情况，转给手工业合作社经营，下放给生产队经营，或者改为个体手工业和家庭副业；个别企业，经过社员代表大会同意，县人民委员会批准，可以由公社继续经营，或者下放给生产大队经营。条例还规定，公社经营的企业，都应该直接为农业生产和农民生活服务，不能妨碍农业生产和增加社员负担，也不能影响国家对农产品的收购任务。不过，第十四条规定，公社管理委员会应该积极促进手工业生产的发展。农村手工业生产合作社和合作小组，是独立的经营单位，受手工业县联社和公社的双重领导。公社对于手工业组织，应该尽可能地帮助它们解决生产中的困难，督促它们遵守国家的政策法令。

随着国民经济的调整，加上1962年起明确农村人民公社一般不办工业企业的政策，社办工业进一步压缩。1962年全国社办工业企业2.5万个、产值7.9亿元，分别比上年减少44.4%和60%。1963年，社办工业企业1.1万个、产值4.2亿元，分别比上年又减少了56%和46.8%。1964年和1965年，随着国民经济的恢复好转，社办工业企稳，并略有恢复，1965年全国社办工业企业1.2万个、产值5.3亿元。①

（三）"五七指示"推动社队企业缓慢恢复发展

随着国民经济的恢复发展，国家又开始积极促进农村副业发展。1965年9月，中共中央、国务院发出的《关于大力发展农村副业生产的指示》指出：同国民经济其他部门比较，农村副业还是一个薄弱环节，1964年还低于1957年的生产水平。要进一步贯彻执行"以农为主，以副养农，综合经营"的方针，发展农村副业，首先要大力发展集体副业，集体副业应当以生产队（包括以大队为核算单位的大队）经营为主。一个生产队无力举办的，可以由几个生产队联合经营；在不"平调"生产队的人力、物力、财力的前提下，也可以由生产大队直接兴办。这又为发展大队企业开了口子。

1966年，毛泽东在"五七指示"中重提农村办工厂。他指出："以农为主（包括林、牧、副、渔），也要兼学军事、政治、文化，在有条件的时候也要由集体办些小工厂。"②这一指示明确了农村发展集体小工厂的政策导向。但是，在"文化大革命"前期，正常生产秩序遭受破

---

① 1961—1975年社办工业产值均按1957年不变价格。
② 《建国以来毛泽东文稿》第12册，中央文献出版社1998年版，第54页。

坏，农村工业发展受到政治运动干扰。中共九大召开后，全国政治经济社会秩序开始稳定，社队企业在城市工业企业因分派武斗、"停产闹革命"陷入困境后迎来一次发展机遇。加之一批干部、城市居民、知识青年到农村，有的知识青年父母所在企事业单位为安排好知识青年在农村插队落户问题，组织厂社、厂队挂钩，从技术、设备、物资等方面支持社队企业发展，在一定程度上缓解了城市工业企业发展混乱导致的困难局面。1965—1970年，全国社办工业企业由1.2万个增加到4.5万个，按1957年不变价，产值由5.3亿元增加到26.6亿元，增长4倍。

（四）自北方地区农业会议起在加快农业机械化发展中推动社队企业发展

到20世纪70年代初期，推进农业机械化成为农村工业发展的重要契机。1970年8月，在周恩来主持下，国务院召开北方地区农业会议，强调发展农业机械化。为落实北方地区农业会议，1971年国务院召开农业机械化会议，围绕到1980年实现农业机械化的奋斗目标，提出4点要求。一是社、队办企业逐渐增多，把这些单位管好，将对社会主义建设发挥更大的作用。二是建立县、社、队三级农机修造网，实行大修不出县，中修不出社，小修不出队。三是发展以钢铁等原材料生产为主的地方"五小工业"，为加速农业机械化提供重要物质基础。四是资金除了由社队自筹外，国家每年扶持人民公社的资金（第四个五年计划期间年平均5.9亿元）重点用于农业机械化发展。在加快推进农业机械化的统一部署下，人民公社陆续办起一批农机修理、修配厂（站），1971年底全国有96%的县建起2394家农机修造厂，许多大队办起了农机修理点。这些厂（站）、点后来多数发展成为机械加工骨干企业。在这一过程中，改变了此前国家计划内的机械设备和原材料不供应农村的做法，社队可以得到部分计划外的车床设备；一些有一定生产能力的社队农机厂凭借已有的车床，通过与国营企业协作购进钢材，制造了一些简易设备，自我武装，既生产农业机械产品，也生产简单的机械设备。

各地农村围绕农业机械化发展工业，创办了不同规模的农具、粮油加工、建材、编织、服装等社队工业。1976年12月15日农林部向中共中央、国务院报告显示：据不完全统计，1975年底全国有近90%的公社和60%以上的大队，办起80多万个企业；参加企业的劳动力约1300万人，占农村劳动力总数的4.3%；企业总收入约210多亿元（公社企业和大队企业各半），比1974年增加约40%，占人民公社三级总收入的比重上升到20.6%。江苏省农村工业发展更好，1975年社队工业总产值达22.44亿元，比1970年的6.96亿元增长2.22倍，平均每年增长20%以上；同期社队工业在全省工业总产值中所占比重由3.3%上升到9.3%。[①]

到1976年底，全国社队企业发展到111.5万个，工业总产值243.5亿元，其中社办工业产值比1971年增长216.8%。按不变价格计算，全国社办工业产值由1965年的5.3亿元增加到1976年的123.9亿元（占社队工业总产值的50.9%），在全国工业产值中的占比由0.4%上升到3.8%。

（五）基层干部建言再次点燃发展社队企业的希望

1975年9月5日，浙江省永康县人民银行干部周长庚等给毛泽东主席、中共中央写信。信中说：浙江省的社队企业冲破种种阻力，迅速发展，对壮大人民公社经济，加速农业机械化步伐，发展农业生产，支援大工业和外贸出口，改善城乡人民生活等方面起了较大作用，但由于《农村人民公社工作条例（修正草案）》的有关规定未做修改，中央未明确由哪个部门主管社队企业，致使一些基层党政干部对社队企业不敢大胆支持和领导，有关部门互相"踢皮球"，都不愿管，导致社队企业处境困难。有的地方自流发展，有的走了弯路。有一些部门对办得好的社队企业千方百计要改变其体制，收归自己管辖，如不同意就不分给原材料，不安排产品销路，实行卡压。因此"恳

---

① 莫远人主编：《江苏乡镇工业发展史》，南京工学院出版社1987年版，第140页。

请党中央对这方面作些新的指示,动员全党和全国各条战线,学习推广北京、上海、河北、河南、湖南等先进省、市的典型经验"。这封信还附上《华国锋同志给湖南省委的一封信》①的抄件和1974年12月15日《河南日报》以《光明灿烂的希望》为题发表的关于巩县回郭镇公社围绕农业办工业,办好工业促农业的调查报告。

1975年9月27日,毛泽东将浙江省周长庚的信批给邓小平:"请考虑,此三件(两封信及一篇报道)可否印发在京各中央同志。"(注:两封信指周长庚等写给毛泽东、中共中央的信和华国锋同志给湖南省委的一封信;一篇报道是《河南日报》登载的巩县回郭镇公社围绕农业办工业,办好工业促农业的调查报告)。据此,以中共中央文件形式将毛泽东的批示发至全国县级以上各级党组织,以示对社队企业的支持。同年9月,全国第一次农业学大寨会议肯定了社队企业的发展使公社、大队两级经济强大起来,有效地帮助了穷队,促进了农业生产,支援了国家建设,加速了农业机械化的步伐,进而要求各地党委采取积极态度和有力措施,推动社队企业更快发展。这次会议

---

① 1974年12月18日,华国锋看到湖南省社队企业局的两个材料,写信指出:"社队企业有如烂漫的山花,到处开放,取得了可喜的成绩。"他要求加强党的领导,依靠群众,全面规划,"社队企业就会由无到有,由少到多,由低级到高级地不断向前发展。"引自马杰三主编:《当代中国的乡镇企业》,当代中国出版社1991年版,第55页。

第一次公开发表了毛泽东在1959年第二次郑州会议上赞扬社队企业的一句话——"我们伟大的光明灿烂的希望也就在这里"。这成为影响深远的名言。同年10月11日，《人民日报》以"伟大的、光明灿烂的希望"为题，全文转载了河南省巩县回郭镇公社发展社队企业的调查报告。《人民日报》在编者述评中号召"满腔热情地办好社队工业"。10月《红旗》杂志发表《大有希望的新生事物——江苏省无锡发展社队企业的调查报告》，指出社队企业对于发展农业、建设社会主义新农村、改造小生产的习惯势力有着很大作用。10月18日，中共中央政治局委员、国务院副总理李先念等主持召开的十二省负责人会议后，在向毛泽东、中共中央的报告中写道："如果省、地、县办的地方工业没有一个大的发展，社队企业没有一个大的发展，全国农业机械化的规划是很难实现的。""各地的大、中企业，还要订个规划，把所在地周围的农村带起来，主动搞好工农关系。工厂应在力所能及的范围内，帮助农村多搞一点农业机械的制造和修配；派人到农村去传授技术，帮助社、队办好'五小'工业。"[①]

为加强对社队企业的指导和服务，促进社队企业发展，1976年2月1日，国务院批准农林部增设人民公社企业

[①] 马杰三主编：《当代中国的乡镇企业》，当代中国出版社1991年版，第56页。

管理局。①1977年8月,农林部人民公社企业管理局在北京召开湖南、湖北、广东、广西、江苏、山东、安徽、江西、河北、山西、辽宁、四川、甘肃、北京、上海、天津16省、自治区、直辖市社队企业管理部门领导人参加的调查汇报会。与会代表一致要求就发展社队企业的方针、政策和管理体制等发一个文件,以便各地有所遵循。根据各地建议,农林部着手组织力量进行调查研究,并将这次会议内容上报国务院。随后,遵照国务院指示,农林部代拟了《关于发展社队企业若干问题的规定(试行草案)》。直到中共十一届三中全会前,这个文件仍在修改中。

社队企业在国家的引导和积极扶持下实现较大发展。到1978年底,全国有94.7%的公社和78.7%的大队办起社队企业,共办企业152.4万个,比1976年增加40.9万个。1978年全国社队企业总收入431.4亿元,比1976年增长58.4%;社队工业产值385.3亿元,比1976年增长58.2%;安置农村劳动力2826.5万人,占农村总劳动力的9.5%。

综上所述,1958—1978年社队企业发展呈现出"养育"与"贡献"、"快"与"慢"的辩证统一。

所谓"养育",就是农村集体经济组织实行集体统筹

---

① 1977年6月22日,国务院批转农林部、轻工业部提出的《关于把农村手工业划归人民公社领导管理的报告》。批文指出:"这对于更好地壮大公社企业,巩固发展人民公社集体经济,进一步发挥人民公社制度的优越性,加速实现农业机械化,加速公社工业化的进程,缩小三大差别,都具有重要的意义。"

与积累,为社队工业、社队企业提供"第一桶金"。

所谓"贡献",就是农村集体经济组织中发展起来的社队企业,壮大了集体经济,提高了农民收入,为农业农村发展提供了资金支持[①]。1978年,全国社队企业总收入占人民公社三级总收入的29.7%;社队企业直接支援农业的投资达26亿多元,相当于当年国家农业基本建设投资的60%多;有几十亿元用于工资分配,使社员的分配收入明显增加[②]。

所谓"快",就是在农村集体经济组织中社队工业、社队企业实现较快发展。这其中的原因,除历史上即有广大农民强烈的脱贫思变动力外,主要是突破了历史上手工业等农村副业家庭经营模式,通过社区集体统筹和积累,为社办工业、社办企业提供资金支持。

所谓"慢",就是尽管改革开放前社队企业、社队工业实现较快发展,但与改革开放后的更快发展相比,还是属于缓慢的。这其中的原因主要有两个方面。一是国家将包括农产品加工在内的工业布局于城市和工矿区,加之对农产品实行统派购制度导致农村农产品加工业的原料缺乏,农村主要围绕农业机械化发展配套工业,以及城市不愿意发展的"五小工业"。不仅如此,还在国民经济

---

① 马杰三主编:《当代中国的乡镇企业》,当代中国出版社1991年版,第82—83页。
② 《认真整顿和发展社队企业》,《人民日报》,1979年9月10日第1版。

遇到困难时，首先压减社队工业、社队企业。二是在农村以农为主的产业政策下，社队企业被指责为"搞资本主义""挖社会主义墙角""钻国家计划的空子""投机倒把"等，在"四清""文化大革命"等运动中遭受冲击。换言之，改革开放前社队企业是在夹缝中生存发展的，没有更大的发展空间。

在国家将工业布局在城市和工矿区，农村工业被限定在"五小工业"范围的情况下，社队企业围绕农业办工业、办好工业为农业服务，为城市工业加工服务，就地取材、就地生产、就地销售。加之人民公社体制下社区集体统筹和积累机制、广大农民强烈脱贫思变力量的耦合，社队企业、社队工业根深蒂固，被喻为"草根工业""草根企业"。这个烧不尽的"野草"，是乡镇企业在改革开放初期异军突起的种苗。

第二章 社队企业大发展（1979—1983）

1979—1983年，在中共十一届三中全会作出改革开放的伟大决策及提出社队企业要有一个大发展的鼓舞下，在对国民经济实行调整、改革、整顿、提高过程中，农民积极争取发展工业机会来拓展发展空间，中国的工业化开始突破工业布局于城市和工矿区的限制，快速向农村延伸，迅速拓展为城乡"两条腿"工业化发展路径，20世纪50年代兴起的社队企业呈快速发展态势。

一、"社队企业要有一个大发展"的新定位

中共十一届三中全会不仅作出改革开放和把工作重心转移到现代化建设的抉择，还讨论了积极发展农村社队工副业问题，并决定采取相应措施。[1]这次全会原则通过的《中

---

[1] 《中国共产党第十一届中央委员会第三次全体会议公报》，载《十一届三中全会以来党的历次全国代表大会中央全会重要文件选编》，中央文献出版社1997年版，第25页。

共中央关于加快农业发展若干问题的决定（草案）》和《农村人民公社工作条例（试行草案）》，突破以往对发展社队企业的限定，明确了积极发展社队企业的政策取向。

第一，《中共中央关于加快农业发展若干问题的决定（草案）》提出：社队企业要有一个大发展，逐步提高社队企业的收入占公社三级经济收入的比重[①]。明确"社队企业要有一个大发展"这样一个新的发展目标定位，是对中共八届十中全会通过的《农村人民公社工作条例（修正草案）》中关于"公社管理委员会，在今后若干年内，一般地不办企业"规定的突破，解除了对发展社队企业的政策限制。

第二，明确工业向农村扩散的发展方向。《中共中央关于加快农业发展若干问题的决定（草案）》指出：凡是符合经济合理的原则，宜于农村加工的农副产品，要逐步由社队企业加工。城市工厂要把一部分宜于在农村加工的产品或零部件，有计划地扩散给社队企业经营，支援设备，指导技术[②]。经过一年实践和修改完善，中共十一届四中全会审议通过的《中共中央关于加快农业发展若干问题的决定》，其中第二十条除保留以上规定外，还规定：

---

① 马杰三主编：《当代中国的乡镇企业》，当代中国出版社1991年版，第539页。

② 马杰三主编：《当代中国的乡镇企业》，当代中国出版社1991年版，第539—540页。

对社队企业的产、供、销要采取各种形式，同各级国民经济计划相衔接，以保障供销渠道能畅通无阻。国家对社队企业，分别不同情况，实行低税或免税政策。

第三，重新界定人民公社的经济组织功能。这次全会原则通过的《农村人民公社工作条例（试行草案）》对人民公社进行了新的定位。其中第一章"人民公社在现阶段的性质和基本任务"第一条重新明确了人民公社的性质，即农村人民公社是劳动群众集体所有，农林牧副渔五业并举，农业、工业、商业相结合的社会主义经济组织。中共八届十中全会通过的《农村人民公社工作条例（修正草案）》在第一章"农村人民公社在现阶段的性质、组织和规模"中规定，农村人民公社是政社合一的组织，是我国社会主义社会在农村中的基层单位，又是我国社会主义政权在农村中的基层单位。显然，前后两个条例对人民公社性质的规定是有很大差异的，新条例不再突出人民公社的"政权组织"性质，而是强调它是经济组织，且实行农业、工业、商业相结合。

基于中共十一届三中全会明确积极发展农村社队工副业和"社队企业要有一个大发展"的新定位，《农村人民公社工作条例（试行草案）》在关于社队企业的篇幅上突破了以往，用了专门一章，即第七章，对社队企业作出规定：人民公社要根据当地资源条件和社会需要，在保证搞好农业生产的前提下，有计划地积极兴办公社和大队企业。发展社队企业，必须坚持社会主义方向，主要为农业生产服务、为人民生活服务，也要为大工业、为出口服务。坚持自力更生，充分利用本地资源，因地制宜地举办种植业、养殖业、农副产品加工业、采矿业、建筑业、农机工业、运输业和其他工业。在国家统一安排下，凡是符合经济合理的原则，宜于在农村加工的农副产品，应当逐步由社队企业加工。牧区和林区社队，有条件的要积极发展畜产品和林产品加工。城市工矿企业要把适合社队企业生产的一部分产品或零部件，有计划地扩散给社队企业经营，支援设备，指导技术。国家要通过供产销合同的形式，逐步把社队企业纳入各级经济计划，不纳入计划的部分，允许自产自销。社与社、队与队和社队之间，可以举办联合企业。计划、工业、交通、基建、商业、供销、物资、财政、银行、科技等部门，都要从财力、物力和技术上积极扶持社队企业。国家对社队企业实行低税或免税政策。该条例还就社队企业的劳动力安排、资金筹集、利润分配、经营管理，以及全民所有制企业和手工业社下放或合并到社队企业后职工的工资、劳保和福利待遇等方面的问题，作了具体规定。[1]

---

[1] 《当代中国农业合作化》编辑室：《建国以来农业合作化史料汇编》，中共党史出版社1992年版，第905—906页。

中共中央对发展社队企业的方针、政策、方向作出上述明确规定，标志着社队企业发展开启了历史性转折。

二、出台促进社队企业发展的第一个国务院文件

根据中共十一届三中全会关于"积极发展农村社队工副业"和"社队企业要有一个大发展"这一新的政策取向和新的发展目标定位，国务院于1979年7月3日印发《关于发展社队企业若干问题的规定（试行草案）》（简称《规定》）。这一文件的制定启动于1977年，经近两年讨论修改，是新中国成立起至此时国务院发布的第一个以发展社队企业为主题的指导性文件。该《规定》对社队企业的发展方针、经营范围、发展规划、资金来源等18个问题作出规定，使社队企业的发展有章可循，对引导社队企业健康发展产生了积极作用。其中，具有突破意义的内容有以下6个方面。

1. 深化发展社队企业重大意义的认识和明确到1985年的发展目标。《规定》明确指出：社队企业发展了，首先可以更好地为发展农业生产服务，可以壮大公社和大队两级集体经济，为农业机械化筹集必要的资金；同时也能够为机械化所腾出来的劳动力广开生产门路，充分利用当

地资源，发展多种经营，增加集体收入，提高社员生活水平；还能够为人民公社将来由小集体发展到大集体、再由大集体过渡到全民所有制逐步创造条件。公社工业的大发展，既可以为社会提供大量的原材料和工业品，加速我国工业的发展进程，又可以避免工业过分集中在大中城市的弊病，是逐步缩小工农差别和城乡差别的重要途径。基于社队企业作用的深刻认识，《规定》还明确了到1985年社队企业发展的目标，提出全国社队企业总收入占人民公社三级经济总收入的比重，要由1978年的29.7%，到1985年争取提高至50%左右。

2. 明确社队企业发展的方针。《规定》指出，社队企业积极生产社会所需要的产品，主要为农业生产服务、为人民生活服务，也要为大工业、为出口服务。不搞"无米之炊"，不搞生产能力过剩的加工业，不与先进的大工业企业争原料和动力，不破坏国家资源。社队企业要坚持自力更生、艰苦奋斗，民主办企业，勤俭办企业，厉行经济核算。积极试办农工商联合企业。

3. 明确社队企业的经营范围和城市产业向农村扩散的要求。《规定》明确了鼓励社队企业经营的范围，包括9个方面：（1）积极发展种植业、养殖业。因地制宜举办林场、果园、茶场、蚕桑场、药材场、良种场、食用菌场、畜禽场、水产养殖场等。这是农副产品加工业的基础。有宜垦荒地的，可以举办农场。（2）努力发展农副产品加工工业。本着经济合理的原则，宜于由社队企业加工的农、林、牧、渔业产品及土特产，均可由社队企业加工。国家已经设厂加工的，是否转归社队企业来办，由省、市、自治区革委会会同有关部门，权衡利弊确定。（3）努力办好农用工业。举办中小农具制造和农机修配业。在地方农机工业统一计划下，承担零部件加工。有条件的，可以举办腐植酸类肥料、细菌肥料、农药、兽药、饲料加工等企业。（4）因地制宜地多搞燃料、原材料工业。举办沼气站、小煤矿、小铁矿、小有色及其他采矿业。举办砖瓦、石灰、沙石及小水泥等建筑材料业。有盐卤资源的地方，可办小盐场和盐化工。（5）大力发展动力工业。根据具体条件，举办1.2万千瓦以下的水电站和坑口火电站。（6）有条件的地方，可承担大工业扩散的零部件和部分产品的生产。利用工业边角余料、城乡废旧物资和废渣、废水、废气，根据市场需要和动力供应等条件，发展小化工、小五金、小冶炼、小百货等。（7）根据需要和可能，组织建筑队伍和运输装卸队伍，承担城乡基本建设和运输装卸的一定任务。（8）努力生产当地有资源或有技术条件生产的传统工艺品和出口产品。根据对外贸易的需要，逐步建立出口商品基地。有条件的可以开展补偿贸易。（9）当地有需要的，可以举办缝纫、修理、旅店、饮食等服务行业。

《规定》还明确，城市工业根据生产发展需要，参照社队可能承担的能力，可以有计划地把部分产品和零部件扩散给社队企业生产。同时，对城市工业产品向社队企业扩散中的注意事项作出明确规定，包括：组织扩散时，要做好技术指导，有的可将专用设备和工具，作价转让。保持协作的，原材料供应和销售渠道不要中断。社队企业一定要保证质量，按时完成任务。双方要签订合同，严格遵守。对于协作件重复征税问题，由财政部拟订办法统筹解决。对生产过程中排放有毒有害物质的产品，必须具备切实有效的防护和治理设施，才能下放。没有销路或已经淘汰的产品，不要下放。城市工业闲置和更新下来的设备，适宜社队企业使用的，要合理作价转让，一次或分期付款。

《规定》对社队企业经营范围的明确，并明确城市产业向农村扩散的要求，拓展了社队企业的发展空间。

4. 强调保护社队企业权益。《规定》专设一条，对社队企业的所有制作出明确规定。

社队企业是社会主义集体所有制经济，社办社有，队办队有。国营企业和社队企业、社队企业和其他集体经济单位之间的经济往来，要实行等价交换。任何单位和个人，不得无偿调用社队企业的资金、产品、设备、原材料，不得向社队企业借款。要尊重社队企业的自主权。

不准把社队企业收归国有。第一次全国农业学大寨会议后上收的企业，应予退还，职工待遇可以不变。

为了有利于合理布局、加强协作、提高质量、降低成本，应提倡联合办企业。公社与公社，大队与大队，公社与大队，可以联合办企业。工业企业，今后一般以公社为主兴办；或由县组织各公社联办，由县派干部领导，以县厂的形式进行经济活动。也可以试办县社联营企业，盈利按议定的比例分成。联合企业，包括以县厂形式出现的公社联营企业和县社联营企业，不得收归国有。

有关部门向社队企业收取各种管理费和手续费，不合理的，各省、市、自治区革委会要加以调整。

5. 明确加大对社队企业的支持。《规定》第八条加强产供销的计划性、第九条各行各业要积极扶持社队企业、第十条价格政策和奖售补贴、第十一条税收政策、第十五条技术革新和技术改造，根据当时的可能，明确了对社队企业的支持政策。关于社队企业的资金来源，明确主要靠企业本身自力更生，增加积累。经过公社、大队社员代表大会通过，可从大队、生产队公积金中提取适当数量的入股资金；地方各级革命委员会，应尽可能从机动财力中，拿出一部分拨给社队企业管理部门，用于扶持社队企业；国家支援农村人民公社的投资，用于扶持穷社穷队办企业的，一般不得少于一半；农业银行每年要从农业贷款中，拨出一定数量的低息贷款，扶持社队企业，其中用于购买设备的，一般3—5年还清。

6. 明确社队企业管理体制和生产经营管理制度。《规定》根据当时的情况，明确了社队企业的管理体制和生产经营制度，包括第十二条劳动制度、劳动报酬和劳动保护，第十三条利润的使用，第十四条建立和健全经营管理制度，第十五条技术革新和技术改造，第十六条整顿企业，第十七条建立精干的管理机构。

各地根据国务院这一规定，制定了扶持社队企业发展的具体政策，为社队企业的快速发展提供了政策支持。

这个文件受当时历史条件的局限，有两个问题还没有实质性的变化：一是只明确发展集体企业；二是坚持实行计划经济体制下的流通、价格等政策，这也限制了社队企业的原材料来源和产品销售。尽管如此，社队企业在发展实践中，逐步对其予以突破。

三、围绕要不要社队企业大发展开展辩论

中共十一届三中全会召开后，社队企业的发展仍不是一帆风顺的，在要不要大力发展社队企业上发生了激烈辩论。

第二章　社队企业大发展（1979—1983）

1979年起的两年间，对社队企业进行了公开辩论。[①]这场辩论最开始以全国社队企业发展最快的江苏省无锡县为对象。[②]

一是关于发展城市国营企业与发展社队企业关系问题。改革开放前，社队企业的发展受到严格限制，不仅重化工业由城市和工矿区的国营企业生产经营，即便是农产品加工也主要由城市国营企业承担。在这一长期历史发展路径下，也因为这一惯性思维，一种观点认为，社队大办工业，把国营工业的市场占了，减少了国家财政收入，现在农副产品加工抢着上，国营工业空着无活干，把国营利润转到社队企业了。与之相对的观点是，社队企业发展农副产品加工业，加工后产品的价格大幅超过作为原材料的农副产品的价格，不仅有利于缩小工农业产品价格"剪刀差"，还有利于工业合理布局和原材料综合利用，特别是有利于调动社队开展多种经营的积极性。国家在工业发展有了一定基础后，针对农业底子还十分薄弱的情况，应增

[①] 1979年的《理论研究》《经济研究》《经济管理》《农业经济丛刊》《工业经济丛刊》《中国金融》《南京师范学院学报》等中央和地方报刊发表了评论社队企业的文章；《人民日报》和红旗杂志社的内部文稿发表了通讯、评论，新华社记者在《新华日报》发表了《为无锡县社队工业申辩》；江苏省社会科学院经济研究所专为这场辩论编辑出版了《江苏社队企业经济文选》。这次激烈的大辩论，集中在关于社队企业要不要大发展的问题。

[②] 马杰三主编：《当代中国的乡镇企业》，当代中国出版社1991年版，第80—85页。

加农业投资，把农业创造的财富留在农村，以扩大再生产。社队企业发展农副产品加工，不是转移了城市国营工业的利润，而是"还富于农"。无锡县从1971年起的8年，社队工业将利润投入到农业的资金达1亿多元，使全县农机总量达29.9万马力，比1970年增长了31.8倍；完成土石方2.1万立方米，新建电灌站1500多个，地下渠道2964千米，造双曲拱桥3300多座；使60万亩粮田实现土地平整、格田成方、排灌分开；5.6万亩零星桑田改造成连片集中的大桑园。1978年，全县粮食亩产765公斤，总产达6.05亿公斤。1970年之前6年和之后8年相比，全县粮食总产平均年递增率由1.2%提高到5.2%，生猪上市量由31万头增加到51.9万头。这些充分表明社队企业促进农业发展，离开社队工业的支持，这样的高速度显然是达不到的。同时，社队工业的发展，还直接提高社员收入，1970年全县社员平均分配收入75.8元，1978年增加到124.4元，增长64.1%，其中社队企业的转队工资和支付的社员奖金，占人均分配收入的52%。社队企业还以其经济实力扶助穷队发展生产，提高全体社员的收益分配。无锡县发展社队企业的实践表明，"以工补农""以工建农"是社队企业发展的原因和目的之一，在现阶段是非常必要的。无锡县发展社队企业的实践，有力地回答了当时的一个观点——用工业利润来补贴农业，会导致忽视和掩盖农业本身的矛盾，不利于农业的发展。对于有些国营工业企业空着无活干，原因不是由社队企业发展造成的，而是国营工业企业管理体制存在问题。

二是关于社队企业突出"一个服务"与坚持"四个服务"问题。这是涉及发展城市大工业与发展农村工业关系的问题。在长时期坚持工业发展限于城市和工矿区的布局，以及农村一般不发展社队企业的规定下，对无锡县社队工业占据较大份额的现象，产生了重大分歧。针对无锡县社队工业中为大工业服务占70%，机械工业达60%以上，有人认为很多农机厂变成了"工机厂"，社队企业已转向为大工业和城市服务，大部分突破了"三就地"，脱离了与农业的有机联系。有人据此认为，社队企业发展"方向上大有问题"。与之相对的观点是，不能把社队企业的"四个服务"变成"一个服务"，在坚持为农业服务的同时，还应从本地实际和具体条件出发，尽可能多搞为农业服务的农副产品加工和利用本地资源的企业，为大工业服务，为城乡人民生活服务和为外贸出口服务。无锡县发挥城郊优势办的2022个社队工业企业，产品达2000多种，这些星罗棋布的社队工业，以小型为主，土法上马，逐步由小到大，由土到洋，起着国家工业化"另一条腿"的作用。同时，社队工业是在不增加城镇人口，不增加商品粮统销数量，不增加国家投资和国家工资总额的情况下发展起来的，表明社队企业"四个服务"的方向是正确的。

三是关于社队企业计划外生产冲击计划经济问题。无锡县一年消耗钢材5万吨，大部分来自计划外。他们与山西省一些煤矿开展"协作"，获得煤炭，不仅用于发展工业，还向农户提供生活用煤，甚至把煤炭给武进化肥厂为无锡生产化肥。有人认为，无锡县社队工业这种"满天飞"活动、"以物易物"冲击了国家计划，是不能借鉴的。针对这种认识，有人对社队企业计划外生产在当时历史条件具有的合理性和必要性进行了分析，认为社队工业生产在计划外存在是不可避免的，它是适应社会需要的。从无锡县的社队工业情况分析，大体有4种情况：一是国家计划不必管的社会自给性或半自给性的生产，就地取材，自产自销；二是国家计划不予全面安排的小五金、小百货，以及社会临时性需要、非标准设备和小批量产品等；三是国家有的计划有缺口，有的因种种原因不能完成计划，需要由社队工业来满足；四是试行的新产品，暂时不能纳入计划的生产。换言之，计划外产品都是缺（缺门、缺口、短缺产品）、急（时间急）、小（批量小）、杂（花色品种规格多、非标准件和传统工艺品）、新（新产品）的产品。社队企业运用市场调节机制，有利于使社会零星资源得到充分利用，有利于根据各自特点发挥优势，因地制宜，形成特色，填空补缺，满足社会需要，是对国家计划的补充。具体到一个产品来说可能存在"挤"的问题，总的情况是"补"大于"挤"。1978年，无锡县社队工业承接沪、宁、苏、锡等大中城市1632个国营工厂的"脱壳"产品和扩散件有1235个品种，年产值1.57亿元，占社队工业总产值的31.4%。这表明社队工业起的是"配角"作用。

起于以无锡县为对象的激烈辩论，之后拓展到苏南地区以及全国。辩论的开展，以及针对争论开展的调查研究，从多视角分析了发展社队企业涉及的问题，起到了进一步解放思想，进而促进社队企业发展的作用。

四、社队企业在国民经济调整中强化市场导向意识

在长期实行高度集中计划经济体制下，社队企业也期盼其生产和销售纳入国家计划。中共十一届三中全会原则通过的《中共中央关于加快农业发展若干问题的决定（草案）》和《农村人民公社工作条例（试行草案）》，明确尽可能将社队企业的一些物质供应等纳入计划。1979年国务院发布的《关于发展社队企业若干问题的规定（试行草案）》在第八部分"加强产供销的计划性"提出：社队企业是国民经济越来越重要的一个组成部分。各级计委和

各有关部门，特别是工业部门，都要既管国营企业，又管社队企业。对社队企业的产供销，要采取各种形式，加强计划性，同各级国民经济计划相衔接。文件还就社队企业纳入各级计划问题作出规定：直接纳入各级计划的，完成计划所必需的物资，由各级计委和安排生产部门按计划分配；专用设备，由产品归口管理部门供应。间接纳入计划的，社队企业完成合同任务所必需的物资，由订货单位按合同规定供应。

1979年4月，即在经过3个月酝酿后，中共中央工作会议决定国民经济实行"调整、改革、整顿、提高"方针，用3年的时间调整国民经济。在1979—1980年国民经济调整的第一阶段，从两个方面强化市场对社队企业的导向作用。

一方面，明确要求发挥市场的辅助作用。1979年3月8日，陈云在《计划与市场问题》中明确提出整个社会主义时期必须有基本的主要的计划经济部分和有益的补充的、基本上是无害的市场调节部分两种经济的论断[1]，这是对1956年他在中共八大上提出"三个主体、三个补充"经济体制设想的深化发展，进一步突破了社会主义只能实行单一计划经济而不能实行市场调节的认识，为实践中引入市场调节改革奠定了思想基础。4月5日，李先念在中共中

---

[1] 《陈云文选》第3卷，人民出版社1995年版，第245页。

央工作会议上提出要进一步研究的第一个问题是：在我们的整个国民经济中，以计划经济为主，同时充分重视市场调节的辅助作用。社会需要多种多样，不断变化，社会产品种类繁多，千差万别，要把它们统统纳入到一个包罗万象的计划中去，而且调节得很好，这是不可能办到的。因此，可以考虑对关系到国计民生的重要产品由国家统一计划，统一规定价格，统一进行分配。其他产品由企业根据市场的供求情况自行确定生产数量，允许自产自销，价格有的由国家规定，有的根据市场供求关系允许在一定幅度内浮动，企业之间可以进行竞争。国家计划的编制，要认真进行供产销的综合平衡，并且要自觉运用价值规律来调节生产，以求得最好的经济效果，使之符合国民经济按比例发展的客观要求。按照市场供求关系进行的生产，也要受国家计划的指导，国家要利用经济立法、经济政策和税收、信贷、价格等经济手段，对市场进行调节，使得它们也能够符合按比例发展的要求。[①]

另一方面，实践给社队企业依靠市场发展上了生动的一课。社队企业的快速发展，弥补了优先发展重化工业下轻工业发展相对滞后的短板，但也存在一定的盲目性。对

---

① 李先念：《调整国民经济，改革经济管理体制》，载《坚持改革、开放、搞活——十一届三中全会以来有关重要文献摘编》，人民出版社1987年版，第18、30、31页。

此，1979年3月陈云在中共中央政治局会议讲话中明确指出了这种盲目性，即："现在社办工业很多，小城镇工业也很多，办这些工业是有道理的、有原因的。原因就是要就业，要提高生活。当然其中也有盲目性。"[1]鉴于此，对社队企业进行调整也在国民经济调整范畴。

同时，国民经济调整对社队企业的发展产生了一些影响。原来办得比较好的社队工业多是为重工业和国家基本建设服务的。随着国营工业的调整，社队工业面临一些问题，有些承接定点生产的企业接不到生产任务；有些实行城乡协作的企业经济联系中断，经济合同不能履行，一部分产品找不到销路。社队企业又面临严峻考验。各地社队企业进行初步调整工作，主要调整发展方向、行业结构和产品结构。中共江苏省委在1979年6月发出的文件中提出：各行各业要本着统筹兼顾、全面安排的精神，继续在资金、设备、技术、原材料、动力等方面大力支持社队企业，使全省社队工业在调整国民经济的过程中能够有一个新的发展和提高。浙江省在贯彻调整方针中，按照统筹兼顾的原则，使大工业、社队企业各得其所，共同协调发展。要求社队企业截长补短、拾遗补阙、避重就轻、甘当大工业的配角。由于调整产业结构和服务方向的指导思想

---

[1] 陈云：《坚持按比例原则调整国民经济》，载《坚持改革、开放、搞活——十一届三中全会以来有关重要文献摘编》，人民出版社1987年版，第21页。

明确，措施得当，全省社队企业在调整中得到较快发展，1979年社队工业产值比上年增长了19.9%，1980年又比上年增长46.1%。但是，少数地方由于受消极思想影响，认为调整就是要社队企业下马，错误地砍掉了一些社队企业，造成不应有的损失。到1980年底，与1978年比，全国社队企业减少9.9万个，从业人员却增加173.1万人，总产值增长33.1%，工业总产值比上年增长32.2%。社队工业产品结构发生变化，机械工业产品产量比1978年大幅度下降，如金属切削机床产量下降87.4%，农业用机械下降63.2%，汽车配件下降38.8%，机引农具下降63.7%。而适销对路的消费品、农副加工产品及国家需要的矿产品等工业原料产量大幅度增长，如水泥增长102%，机制纸及纸板增长86.3%，食用植物油增长58.8%，原煤、黄金、铜铁矿石、砖瓦、小农具等产量也有较大增长。

受国民经济调整对社队企业的影响，社队企业开始增强商品经济意识和市场观念，开始转变都要"纳入计划"的片面观念，更深刻地认识到应遵循"市场导向"，发挥"船小好掉头"的优势，在生产经营中扬长避短、以销定产、开拓市场，进而在调整中增强发展活力。

五、在国民经济调整中力排众议推动社队企业健康发展

继1979年围绕要不要社队企业大发展的激烈争论后,随着国民经济的调整,砍社队企业的主张又有抬头。与此前的辩论不同,这次更多的是一些地方的政府行动。1980年11月,在国务院召开的全国计划会议上,有些部门提出要砍掉社队企业的十几个行业。当时,社队企业在发展中自身确实存在一些问题。一是有些地区和行业在按调整方针和市场需求大力发展消费品生产过程中,由于信息不灵、不准和指导不力等多种原因,发生"一成众效""一哄而起"现象,存在不合理低水平重复建设、重复生产,导致浪费、产品质量差、经济效益低的问题。二是有些地区和行业在利用当地资源发展市场短缺产品生产,以及承接城市工业扩散产品加工过程中,由于当时国家环境保护法规和制度不健全等因素,导致农村环境污染。例如,在市场需求的刺激下,以当地草类资源为原料的社队小造纸厂、社队煤矿集中产区的土法炼焦快速发展。1980年社队小造纸厂发展到2754个,年产纸及纸板101万吨,全年排放未经处理的废水约3亿吨;社队企业土法炼焦产量达350万吨,煤矿集中产区的社队几乎村村点火冒烟搞传统土法

炼焦。这一年,社队企业承接为城市工业加工的小电镀厂约1200个,电解槽能力达16万多千瓦,但其工艺技术和管理一般都较落后,大量含氰含铬废水直接排放。这些既造成资源严重浪费,又污染了农村环境。

澄清"三挤"问题。1981年2月,国务院副总理薄一波就机械工业反映强烈的所谓"三挤"(以小挤大、以新厂挤老厂、以落后挤先进)的问题,责成国家机械委员会,组织第一机械工业部、农业机械部、第四机械工业部和农业部组成工作组,前往社队机械工业比重大、对"三挤"反映突出的江苏省进行调查。工作组到苏州、镇江、南通3个地区对无锡、江阴、常熟、武进、南通等9个县的107个社队企业和国营企业进行了调查,广泛征求各方面意见。薄一波赴南京听取工作组的汇报。最后得出的结论是:总起来说,社队机械工厂的产品,对国家大厂有挤有补。目前补的多一些,挤的少一些,补大于挤,要疏其不通,导其滥流,使其健康发展。随后,国家机械委员会将调查组的汇报提纲报送中共中央、国务院。这次调查对统一发展社队企业的认识和制定《国务院关于社队企业贯彻国民经济调整方针的若干规定》起了重要的作用。

在关、停、并、转工业企业中明确不要轻易关停社队企业。1981年1月20日,根据1980年12月中共中央工作会议关于从1981年起对国民经济进行进一步调整的决定,国务院召开常务会议讨论《关于工业企业关、停、并、转的若干规定》和《关于调整社队企业税收的规定》两个文件。会议讨论了关、停、并、转社队小厂问题，要求不要轻易关停。提出只要它能生产，商品有销路，能养活自己就叫它搞，不要关它、停它。由市场去检验，有销路，有市场的，就能存在下去；商品没有销路的，自然就进行并转。会议议定，国营工业企业调整的文件不包括社队企业，对社队企业的调整、整顿单独起草一个文件。1981年5月4日，国务院印发《关于社队企业贯彻国民经济调整方针的若干规定》。这是对社队企业贯彻国民经济调整的专门文件，也是对社队企业的主动调整。该规定指出：社队企业对于利用和发展地方资源，安排农村剩余劳动力，巩固壮大集体经济，增加社员收入有明显效果；对于逐步改变农村和农业的经济结构，支援农业发展，促进小集镇建设，起了积极作用；对于发展商品生产，活跃市场，扩大出口，增加国家财政收入也作出了贡献。社队企业已成为农村经济的重要组成部分，符合农村经济综合发展的方向。社队企业关系到农民的经济利益，关系到近3000万人的就业，关系到一些不可缺少的市场商品供应的问题。既要坚决服从全局进行调整，又要尊重社队的自主权，必须采取慎重步骤，做好调查研究，分别情况，发挥它的积极作用，限制消极因素，发展短线，压缩长线，使其健康地发展。

该规定进一步提出，凡不与现有大厂争原料，产品有销路、经营有盈利的企业，均不应强制关停。在调整整顿中，对少数民族地区、山区、边远地区和贫困地区的社队企业，尤应给予照顾和扶持。对实行统购和派购的农副产品，国家对各省、市、自治区要规定调拨基数，对社队要逐步推行收购合同制。社队必须保证完成合同或基数规定的任务。完成任务以后的多余部分，按国务院有关规定，有的还要卖给国家；有的也可同国营企业实行经济联合或交国营企业加工返还利润或产品；有的可自行加工和销售。今后，凡国营企业加工能力有剩余的，社队不再办同类企业和扩大加工能力；凡以农副产品为原料、宜于农村加工的，国家一般也不再在城市建新厂和扩大加工能力，应按经济合理原则，着重扶助发展集体所有制的加工业。社队企业的发展，要和小集镇的建设结合起来，统一规划，合理布点，适当集中。在发展工业生产的同时，发展各种文化福利事业和生活服务行业，逐步使小集镇繁荣起来。根据这些规定，社队企业进一步发展了与农业生产相关的农副产品加工业，包括纺织、皮革、食品、服装、陶瓷、工艺美术等在内的消费品生产；同时压缩了重工业及基建服务的小工业生产，以及与国营大企业争原材料的生产行业和部门。

强调"打击社队工业,就是打击农业"。1981年11月14日,深知社队企业艰苦创业和经历曲折困难处境的中共中央委员陆定一写信给中共中央总书记胡耀邦,肯定了社队企业发展的重大作用,分析了苏州地区社队工业的情况,提出了"打击社队工业,就是打击农业"的论断,并指出当时社队企业发展中存在的问题,建议加强管理和指导,使其健康发展。随信还附了一份材料,反映少数国营企业掌握实权的供销人员向社队企业索贿及社队企业向他们行贿等不正之风情况。12月16日,胡耀邦就此作了批示:"将陆定一同志的信印成中央书记处讨论文件。讨论前请经委和农委对社队企业的基本情况、问题以及我们如何指导、管理作点调查研究,最好事先形成一个文件草案。"

国家经济委员会、国家农业委员会根据批示精神制定了《调查参考要点》,并于1981年12月29日向各省、自治区、直辖市发出《关于进行社队企业调查研究的通知》,附发了陆定一的信和《调查参考要点》,要求按批示的内容,组织有关部门进行调查研究。同年12月下旬,农业部6个调查小组分赴全国各地区进行调查研究。各省、自治区、直辖市根据《关于进行社队企业调查研究的通知》的要求,也迅速组织力量,进行了深入广泛的调查研究工作。到1982年2月,山东、江西、福建、浙江、湖北、湖南、广东、山西、天津、河北、甘肃、内蒙古、黑龙江、宁夏等省、自治区、直辖市报送了调查报告,就社队企业发展情况和如何进行指导、管理等问题,提出了许多很好的意见。此后,以各省、自治区、直辖市调查报告为基础,由农牧渔业部于1982年11月起草形成《关于开创社队企业新局面的报告(草稿)》,送国务院有关部门征求意见。

在打击严重经济犯罪中,划清政策界线,保护社队企业发展。1982年4月,中共中央、国务院印发《关于打击经济领域中严重犯罪活动的决定》,明确了社队企业方面的政策,指出:关于农村社队企业和城市工商企业关系中的不正之风,除了少数已经构成严重犯罪的重大问题外,一般要在整顿社队企业、加强工商管理和物资管理的过程中解决。决定强调一定要正确掌握政策,严格区分和正确处理两类不同性质的矛盾。要划清工作失误同违法犯罪的界限,划清经济上的不正之风同经济犯罪的界限,划清走私贩私、贪污受贿、投机诈骗同实行对外开放、对内搞活经济政策中某些制度、办法不完善而发生问题的界限。尽管文件规定很明确,但在打击活动开始阶段,有些地方或有些工作人员,对社队企业长期形成的误解尚未消除,曾一度发生把打击对象集中在社队企业或社队企业的供销、专业公司,集中在与社队企业有业务关系的单位与个人,弄得社队企业人心惶惶。同时，也造成一些城市工商企业怕连累自己，不敢与社队企业沾边，甚至有的挂牌"社队企业人员概不接待"，致使有的社队企业因供销渠道中断而停产。在这个紧要时刻，《人民日报》于同年5月9日发表题为《打击经济犯罪，办好社队企业》的评论员文章，指出要把打击经济犯罪、纠正不正之风与社队企业区别开来，不能因打击经济犯罪影响社队企业的正常发展。5月下旬，农牧渔业部向中共中央纪律检查委员会汇报了上述情况，建议划清政策界限。随后，中共中央指示各地，凡涉及社队企业的案件，要先弄清政策界限，不要忙于处理，从而纠正了一些地方把打击重点集中在社队企业的错误做法。地方各级党委和政府注重结合本地区的实际，制定了明确的政策界限。例如，中共安徽省委、省人民政府发出文件指出：不能把社队企业正常的协作关系与业务往来，当成不正之风来纠，也不能把社队企业开展生产经营活动所必需的合理开支，当成不正之风来反。如果那样做，其结果只能是"纠"掉了社队企业的活力，"反"掉了干部群众的积极性。①

---

① 马杰三主编：《当代中国的乡镇企业》，当代中国出版社1991年版，第79—80页。

六、实行整顿促进社队企业健康发展

调整和整顿两项工作从1979年开始着手准备,并在一定范围内试点。1981年对整顿工作作出进一步的部署。当时整顿的重点是,以提高经济效益为中心,改善经营管理,建立健全生产经营秩序,取得一定成效,部分企业面貌发生明显变化。但是,社队企业自建立起,由于有重外延、轻内涵倾向,致使相当多企业经营管理不善、经济效益不高;有相当多企业领导班子软弱、财务管理混乱、经营责任制不完善;有的企业的少数人贪污盗窃、投机倒把、行贿受贿。这些问题既反映了管理混乱和缺乏健全的制度,也反映了企业管理体制不适应变化了的经济环境,需要进行整顿改革。

1982年起,对社队企业进行了全面整顿。整顿工作的重点主要在于企业领导班子建设,企业财务制度、经济责任及合理的分配制度的建立与完善。

国务院发布的《关于社队企业贯彻国民经济调整方针的若干规定》指出,社队企业的整顿,必须从宏观经济的要求出发,根据社队企业的特点和存在的问题对企业的生产方向、经营管理、人事制度、劳动管理、技术管理、责任制、经济核算、财务管理、利润分配和纠正不正之风等问题要进行全面的、认真的整顿。1982年1月1日，中共中央批转《全国农村工作会议纪要》，即20世纪80年代第一个以"三农"为主题的中央一号文件，强调整顿必须改善经营管理和民主管理。国务院有关部门相继发出文件，推动整顿工作。主要有：1981年8月20日国务院批转建材部、国家经济委员会等部门《关于进一步整顿小水泥企业产品质量报告》，1982年2月16日煤炭部、农业部发出《关于贯彻落实〈小煤矿安全规程〉的通知》，1982年4月29日国家经济委员会、能源委员会、农业委员会转发煤炭部、农业部《关于全国社队煤矿座谈会情况的报告》，1982年5月14日国务院批转国家计划委员会等8个部门《关于调整和整顿油漆企业报告》，1982年5月17日农牧渔业部、公安部发出《关于加强社队企业消防安全保卫工作的通知》，1982年8月24日农牧渔业部、财政部、中国农业银行发出《关于整顿和加强社队企业财务工作的几项要求》等文件。

农牧渔业部先后于1982年6月和11月在北京召开全国社队企业局长座谈会和全国社队企业整顿工作会议，重点研究和部署社队企业整顿工作。这次全面整顿在方法上，针对社队企业的问题进行综合治理，实行"四个结合"。一是整顿与调整结合。在国家计划指导下，坚持因地制宜地对原有企业进行合理布局，避免盲目发展。对那些耗能多、产品质量不过关、污染严重、长期亏损的企业，实行转、并、联。二是整顿与技术改造相结合。逐步用较为先进的设备代替耗能高、耗原材料多的旧设备，鼓励职工进行技术革新与创造发明。三是整顿与改革相结合。把"小而全"的生产改为专业化、社会化协作生产，改"官办"为民办，强化企业的群众基础，健全民主管理制度。四是整顿与精神文明建设相结合。一手抓物质生产提高经济效益，一手抓政治思想教育和技能培训，以造就一代社会主义精神文明与物质文明建设者。

为保证整顿质量和防止不走过场，按6条标准对整顿过的企业进行验收。这6条标准是：（1）建立起一个能够执行党的方针、政策，作风好，精干有力的领导班子；（2）建立起企业经营管理的主要规章制度；（3）企业产品适销对路，质量提高，消耗降低，成本下降，经济效益有所提高；（4）建立起企业的经济责任制，国家、集体、个人的责权利关系处理得好；（5）提高了企业职工的政治思想觉悟和生产积极性，厂风厂纪明显好转；（6）建立企业的民主管理制度，民主作风明显好转。

各地根据全国整顿工作的部署，结合本地实际，进一步作了具体部署，对社队企业中普遍存在的领导班子软弱涣散、干部年老体弱和工作能力差、财务混乱、承包经营责任制不健全、设备陈旧、产品合格率不高的情况进行重点整顿。

到1983年底,据27个省、自治区、直辖市统计,完成整顿企业56万多个,占社队企业总数的42%,各地对需要整顿的重点企业,基本上进行了整顿。通过整顿的企业,一般达到了验收的6条标准,突出体现在领导班子加强,经济效益明显提高。①

七、社队企业在改革、调整、整顿中实现健康发展

通过1979—1983年的改革、调整、整顿,社队企业数量有所减少,但总体规模扩大,职工人数、总收入实现较大幅度增加。1978—1983年,企业数量减少11.7%;职工净增408.1万人,年平均增加81.6万人;总收入由431.4亿元增加到928.7亿元,增长1.15倍,平均每年净增99.46亿元,年平均增长16.6%,比全国社会总产值年平均增长8%高8.6个百分点,更高于全国工农业总产值年平均增长7.7%的速度。社队企业总产值在全国社会总产值中的占比,由1978年的7.2%提高到1983年的9.1%。1983年全国社队工业总产值达757.1亿元,比1978年增长96.5%;占全

---

① 马杰三主编:《当代中国的乡镇企业》,当代中国出版社1991年版,第96—99页。

国工业总产值的11.6%，比1978年的8.7%提高2.9个百分点。这5年间，全国社队企业固定资产（原值）年平均增加49.2亿元，1983年达475.6亿元。社队企业总收入超亿元的县（区），从1978年的59个增加到1983年的209个，占全国县（区）总数的9.4%。江苏省无锡县社队企业总收入1983年达12.8亿元，居全国第一。各省、自治区、直辖市的社队企业都有不同程度发展，总收入增幅最高的四川省为221.5%，福建、江苏、内蒙古、上海、广东、陕西、新疆、辽宁、天津、湖北、山东、青海、云南、吉林等14个省、自治区、直辖市的增幅在10%以上，安徽、山西、湖南、河南、黑龙江、广西、宁夏、贵州、甘肃、河北、江西等11省、自治区也实现不同程度增长。

这5年间，社队工业企业发生了以下新的变化。

一是工业结构朝合理方向发展。社队企业在改革、调整、整顿中，坚持"压长线，上短线"，面向市场，耗能高的产品相对减少，日用消费品、支农产品快速增加。1978—1982年，在社队工业总产值构成中，轻工业由44.9%提高到51.2%，重工业则由55.2%下降到48.8%。同期，建材工业的比重在20%左右，食品工业由5.4%提高到8.3%，造纸及文化用品工业由2.3%提高到4.3%。

二是产品质量由低到高、名优特新产品逐年增多。为了适应市场竞争的需要，社队企业努力提高产品质量，开发新产品，挖掘传统产品，发展特种产品，使社队企业产品在市场的覆盖率和竞争能力方面有较大提高。特别是在企业全面整顿后开展的全面质量管理，建立"创造发明奖"和开展"创优评优"活动，名优特新产品逐年增多。全国社队企业系统从1982年开始评选优质产品。当年评出食品部优33个，到1983年止的两年，有两个产品获国家银质奖；有297个产品获农牧渔业部优质产品称号。其中，食品行业155个，机电行业66个，化工行业14个，轻工行业41个，建材21个。各地区还有一大批产品获省优。

三是管理由粗到细，企业素质提高。社队企业素质提高，主要表现在以下三个方面。（1）人员素质提高。通过改革干部任用制度、职工招收制度和培训、考核晋级、评定职称，以及引进人才等措施，较好地适应社队企业生产发展的需要。四川省社队企业根据发展需要，1979—1981年启用了有传统手工艺的能工巧匠和各类人才10万人，各级采取多种方式培训各类业务技术人员22万人，两项合计占干部职工总人数的19％。（2）技术素质提高。各地开始注重技术改造和技术进步，更新设备，引进新设备、新技术、新工艺，奖励创造发明，逐步改变了社队企业中"老设备、老工艺、老产品"状况，提高了社队企业产品竞争力。如广东省顺德县社队企业，大胆采用外汇贷款、外汇留成等方式，筹集资金，通过"三来一补"等多种途径，引进国内外先进设备和技术。1980—1983年，全县引进先进设备9586台（套），其中从国外引进设备5673台（套），应用新技术、新工艺84项，开发新产品357项，建成生产流水线18条。全县1983年社队两级企业总收入达6.23亿元，比1980年翻了一番，平均每年增加收入1亿元。（3）管理素质提高。社队企业经过整顿及全面推行承包经营责任制，建立和强化内部管理制度，促进企业经济核算和会计核算水平提高，企业管理由传统粗放管理逐步向科学管理转变。干部职工"管理出人才、出技术、出速度、出效益"的意识增强。因而，这期间尽管原材料、燃料涨价，全国社队企业仍然取得了较好经济效益。1983年，全国社队企业纯利润为117.8亿元，比1978年增长33.7%，百元收入利润率为12%，全员劳动生产率由1978年的1744.5元每人提高到1983年的3143.5元每人。

社队工业企业以上几方面的变化与提高，为其进一步发展奠定了坚实基础。不过，社队企业重复建设和环境污染问题仍没有得到解决。

第三章　乡镇企业异军突起（1984—1988）

　　社队企业在经过1979—1983年大发展后，以《中共中央关于一九八四年农村工作的通知》（简称1984年中央一号文件）和1984年3月1日中共中央、国务院转发农牧渔业部和部党组《关于开创社队企业新局面的报告》（简称1984年中央四号文件）为标志，进一步统一了全党全社会对发展乡镇企业（上述第二个文件明确将社队企业改称乡镇企业）的认识，在发展政策上实现新的突破。中共十二届三中全会作出社会主义计划经济是在公有制基础上的有计划的商品经济的重大论断及审议通过《中共中央关于经济体制改革的决定》，发展乡镇企业的政策环境进一步改善。这些以放活为内核的政策的实施，使乡镇企业发展实现没有预料到的异军突起，中国由此成功走出了中国特色社会主义农村工业化道路，也成功走出了中国特色的城乡"两条腿"工业化道路，在破解"三农"难题、推进和拓展中国式现代化中有着重大贡献和历史地位。

一、促进社队企业开创新局面政策的出台和实施

经过对发展社队企业的激烈辩论,以及在国民经济调整中力排众议推动社队企业实现大发展,不断深化了对社队企业发展必要性和重要性的认识。随着对发展社队企业必要性和重要性认识的深化和逐步统一,促进社队企业开创新局面的政策也开始制定。按照胡耀邦1981年12月16日对陆定一关于社队企业的一封信的批示,经过调查研究,农牧渔业部于1982年11月起草形成《关于开创社队企业新局面的报告(草稿)》,送国务院有关部门征求意见。经征求国务院有关部门意见,多次反复磋商修改,农牧渔业部和部党组于1983年12月26日向中共中央、国务院报送了《关于开创社队企业新局面的报告》。

1983年底召开的全国农村工作会议和1984年中央一号文件进一步阐明了社队企业在农村乃至整个国家现代化进程中的作用。中共中央政治局委员、国务院副总理万里在全国农村工作会议上赞扬了江苏省总结的"无农不稳,

无工不富，无商不活"[1]，要求各级党委要适应农村商品经济发展，地方党委和主要领导要总揽经济全局，不能只当"粮食书记"了[2]。1984年中央一号文件指出：随着农村分工分业的发展，将有越来越多的人脱离耕地经营，从事林牧渔等生产，并将有较大部分转入小工业和小集镇服务业。这是一个必然的历史性进步，可为农业生产向深度广度进军，为改变人口和工业的布局创造条件。不改变"八亿农民搞饭吃"的局面，农民富裕不起来，国家富强不起来，四个现代化也就无从实现。现有社队企业是农村经济的重要支柱，有些是城市大工业不可缺少的助手。这些都把对发展社队企业的认识提升到新的高度。

根据1984年中央一号文件和1983年底中共中央召开的全国农村工作会议精神，1984年1月2—12日，农牧渔业部在北京召开全国社队企业工作会议，围绕实现中共十二大提出的到20世纪末全国工农业总产值翻两番的战略目标，研究修订了社队企业发展规划。会议讨论了农牧渔业

---

[1] 1978年9月，根据国务院要求，全国农垦系统开展农工商综合经营试点，学习南斯拉夫"贝科倍"经验。后来江苏省农垦黄海农场流传出了"无农不稳，无工不富，无商不活"的说法。苏南地区基层干部和农民也说：农业一碗饭，副业一桌菜，工商富起来。两种说法上报中央，万里很欣赏，多次引述。美国《纽约时报》发表社论称："无农不稳，无工不富，无商不活，是中共中央提出的富有前瞻性的战略口号。"

[2] 马杰三主编：《当代中国的乡镇企业》，当代中国出版社1991年版，第106页。

部和部党组向中央上报的《关于开创社队企业新局面的报告》。

1984年1月30日，中共中央书记处讨论了《关于开创社队企业新局面的报告》，原则同意该报告。会议指出：目前需要有这样一个文件以利于进一步开创社队企业的新局面。要认真总结过去多年来的经验教训。把社队企业的总方针讲透。我们对待社队企业的总方针是：正确地加以支持、引导和管理，使其健康发展。要用这个总方针来统一全党的思想。既不能采取削弱、限制它的发展或把它作为一种过渡办法的方针，也不能采取放任自流、盲目发展、任其自生自灭的方针。有关部门对社队企业主要应该进行方针、政策上的引导，并给予必要的扶持，而不要管得过死。会议决定，请国家经济委员会和中共中央书记处农村政策研究室根据会议讨论意见，将报告修改后并代拟中央批语，然后送中共中央、国务院审定，下发试行。

1984年2月，根据中共中央书记处会议决定精神，在进一步修改社队企业文件期间，万里等到山东省烟台地区视察工作，深深感受到：这几年，中央在发展农村商品生产，搞活农村经济方面，制定了一系列的重大政策。联产承包责任制是一大政策，发展专业户是一大政策，发展社队企业，这又是一大政策。这一系列的决策，不但对中国农村产生巨大的影响，而且对中国经济发展，对于建设有中国特色的社会主义,都有极其深远的意义。

经过上下反复讨论酝酿之后,经中共中央书记处讨论通过,中共中央、国务院于1984年3月1日转发了农牧渔业部和部党组《关于开创社队企业新局面的报告》。中共中央、国务院在批转该报告的通知中指出:"发展多种经营,是我国实现农业现代化必须始终坚持的战略方针。只有不断开辟新的生产门路,妥善安排不断出现的多余劳力,充分利用农村的剩余劳动时间,逐步改变八亿人搞饭吃的局面,使农村商品生产得到充分的发展,农村才能富裕起来,也才能逐步积累农业现代化所需要的大量资金。"

乡镇企业〔即社(乡)队(村)举办的企业、部分社员联营的合作企业、其他形式的合作工业和个体企业〕,是多种经营的重要组成部分,是农业生产的重要支柱,是广大农民群众走向共同富裕的重要途径,是国家财政收入新的重要来源。乡镇企业发展,有利于"以工补农",扩大农业基本建设,使农业合作经济组织增强实力,更多更好地向农民提供农业机械和各种服务。乡镇企业发展,还有利于促进专业承包,适当扩大经营规模。各级党委和政府应当积极引导乡镇企业做好"支农"工作。乡镇企业发展,必将促进集镇的发展,加快农村的经济文化中心的建设,有利于实现农民离土不离乡,避免农民涌进城市。县以上党委和政府，在规划和指导乡镇企业发展的同时，应对集镇建设作出全面规划。

乡镇企业已成为国民经济的一支重要力量，是国营企业的重要补充。近年来，乡镇企业的发展速度超过整个国民经济发展的平均速度，显示出它特有的生命力。为此，各级党委和政府对乡镇企业要在发展方向上给予积极引导，按照国家有关政策进行管理，使其健康发展。对乡镇企业要和国营企业一样，一视同仁，给予必要的扶持。随着乡镇企业的发展，上缴的税金将会越来越多，这是国家建设所需要的，但是，我们的着眼点要放在扶持乡镇企业的生存和发展上，这样，才能源源不绝地、持久地增加财政收入。对部分社员联营的合作企业、分散生产联合供销的家庭工业和个体企业，也应热情支持，积极引导和管理，使其健康发展。

该通知最后提出，农村的工业合作系统、供销合作系统和信用合作系统，都是推动农村商品生产所不可缺少的。如何加强各自的建设，并协调它们的活动，各级党委和政府应积极调查研究，总结经验，加以推广。乡镇企业目前尚未形成一个经济组织系统，行政管理业务仍不少，各级政府如何设置管理机构，根据具体情况，由各省、自治区、直辖市自定。

出台这个文件是中共十一届三中全会之后促进农村改

革发展的又一个重大决策，是对统一全党思想、促进乡镇企业发展具有深远意义的纲领性文件，在乡镇企业发展史上具有十分重要的意义。一是将社队企业正式改称为乡镇企业，明确乡镇企业由原来的两个轮子（社办、队办）改变为四个轮子（乡办、村办、联户办、户办）同时发展，由主要是发展农副产品加工产业改变为六大产业（农、工、商、建、运、服）并进发展，实行"多轮驱动，多轨运行"；二是突破了就地取材、就地生产和就地销售的限制，乡镇企业可以广泛外引内联，发展空间和市场空间进一步拓宽；三是明确指出了发展乡镇企业的意义，制定了指导乡镇企业发展的总方针，提出了开创乡镇企业新局面的历史任务，并对乡镇企业的若干政策问题作出了规定。

这个文件的印发实施，使各级党政领导和有关部门提高了对乡镇企业重要地位和作用的认识，将其列入重要议程，进一步加强和完善有关政策、措施。广大农村干部和农民群众进一步解放思想，迸发出发展乡镇企业的积极性和创造性，乡村集体、农户和联户4个层次的、多种经营内容和经营方式的乡镇企业迅猛发展起来，促使乡镇企业在20世纪80年代中期进入第一个全面发展高峰期。仅到1984年底，全国乡镇企业数量就猛增到606.52万家，较上年净增471.88万家，其中乡村办企业净增51.66万家，私营企业和个体企业开始涌现。[1]由于"四个轮子"一起转，乡村集体企业快速发展，而户办和联户办企业更是迅猛发展，使企业结构发生了重大变化。1984—1988年，各类企业数量在乡镇企业中的占比，乡办集体企业由47.8%下降到37.6%，村办集体企业由37.9%下降到29.6%，合作企业由7.4%上升为8.6%，个体企业由6.9%上升为24.2%；总产值年均增长39.6%，其中后两个轮子高于前两个轮子。[2]

二、逐步解除流通政策对乡镇企业发展的约束

在高度集中的计划经济体制下，社队企业生产所需原料都没有纳入国家计划供给和产品销售体系，这是约束其发展的最大因素。1984年中央一号文件和四号文件，进一步放宽了对社队企业流通的政策限制。中共中央、国务院转发的农牧渔业部和部党组《关于开创社队企业新局面的报告》用了一个部分的篇幅阐述了乡镇企业流通问题，即第三部分"加强计划指导和实行市场调节结合，使社队企业健康发展"。具体内容如下：

对社队企业要加强计划指导，使其合理利用当地自然

---

[1] 郑有贵主编：《中华人民共和国经济史（1949—2019）》，当代中国出版社2019年版，第171页。

[2] 何康主编：《中国的乡镇企业》，中国农业出版社2004年版，第45页。

资源和技术资源，发挥自己的优势，防止自然资源遭受破坏和环境污染。现在，社队企业每年投入基本建设的资金达数十亿元，国家计划部门应加强指导，使它与国营工业协调发展，努力避免互争原料和动力。

目前，社队企业生产和销售主要靠市场调节，但逐步增加直接纳入特别是间接纳入国民经济计划的比重，是可能的。第一，社队工业的若干重要产品，由国家调拨或根据国家要求生产的，应列入国民经济计划，由哪一级调拨或要求生产的，就由哪一级列入计划。第二，提倡社队工业与国营工业配套，如生产零部件和附属设备，进行产品的初步加工等。提倡国营工业在产品更新换代中，将某些产品扩散给社队工业。提倡国营商业、外贸部门直接向社队企业加工订货。以上述形式生产的产品，应通过合同间接纳入国家计划。第三，组织社队企业与各方进行供销协作。其中大部分也可以通过合同形式，间接纳入国家计划，或与之相衔接。第四，社队与国营企业联营工业，由国家提供设备和技术，社队提供厂房和劳力，已有成功经验。这既节省国家投资，又易于将社队工业纳入计划轨道，应大力提倡。

其他产品的生产、原材料采购和产品销售，由社队企业根据市场供求的变化自行安排。同时通过工商行政工作加强管理，并运用信贷、税收、价格等经济杠杆加以调节。对不正之风，应在做好以上经济指导管理工作的前提下，结合整党，加强教育，切实纠正。

继1984年中央一号文件和四号文件对乡镇企业发展的流通政策予以改进外，中共十二届三中全会作出社会主义计划经济是在公有制基础上的有计划的商品经济的重大论断及审议通过的《中共中央关于经济体制改革的决定》，以及随后改革的深化，使乡镇企业的发展有了更加有利的体制和政策保障。其中，对乡镇企业发展产生重大影响的政策主要有以下几方面。

一是放宽农副产品购销政策，解决了乡镇企业发展农产品加工业缺少原料的问题。这一政策调整的内容是：减少统派购农产品的品种和数量，鲜活产品的统派购数量减少；三类产品和统派购任务以外的产品价格放开，粮、棉、油统购改为与农民签订定购合同。

二是允许农民集体和个人从事长途贩运，拓宽社队企业产品销售渠道。中共十一届三中全会之前，社队集体和社员个人长途贩运被视为"投机倒把"。随着经济体制改革的深化，城乡流通不畅的问题逐渐显现出来。鉴于此，实行新的政策，即农村合作商业和农民均可按规定长途贩运农副产品。国家规定允许贩运的农副产品有三类农副产品和统购、派购任务以外允许上市的农副产品。贩运这些产品可以不受行政区划和路途远近的限制，可以利用机动车船作运输工具。成交价格可在国家政策法令允许的范围内,由购销双方协商,随行就市,允许有升有降。在经营方式上,可以零售,也可以批量销售。①

三是允许乡镇企业的物资列上铁路运输户头,解决乡镇企业物资运输难的问题。在较长时期内,乡镇企业的物资运输不能列入计划,被当作"黑户",其物资运输得不到保障。1984年3月,农牧渔业部和铁道部联合发出通知,要求各级交通部门把乡镇企业物资运输正式列上户头。凡经过铁路运输的物资除木材、原煤按原规定执行外,其他物资均可由乡镇企业主管部门向铁路运输部门申请运输计划,各级铁路运输部门根据运输能力积极统筹安排。

四是支持和鼓励农民经营交通运输业,拓宽乡镇企业产品物资运输渠道。1984年2月27日,国务院印发的《关于农民个人或联户购置机动车船和拖拉机经营运输业的若干规定》明确,各地人民政府可根据当地经济发展的实际需要和油料供应的可能,对农民个人或联户使用购置的机动车船和拖拉机经营运输业统筹安排,有计划发展。农民个人或联户经营运输业,可以从事货运,也可以从事客运。国家经济委员会和交通部还联合通知各地,本着"有

---

① 《国务院关于合作商业组织和个人贩运农副产品若干问题的规定》,1984年2月25日。

路大家行车，有河大家行船"的精神，积极支持农民发展运输业。交通部通知各地废除或修改不适应农村形势发展的旧的规章制度。

五是鼓励城乡之间进行经济交往、人才流动和技术转让。以往虽没有政策允许，但这些方面的实践逐步展开，促进了乡镇企业的发展。这一时期，国家明确鼓励这些做法。鼓励城市工业通过协作联营，把宜于分散生产和劳动密集型的产业、产品扩散到农村及其集镇。鼓励城市各类科学技术人员只要经所在单位同意可以停薪留职，到农村应聘工作。除党政机关在职干部以外，具备条件的科学技术人员，在不影响本职工作前提下，可利用业余时间为农村提供服务，按合同取得报酬。科研单位、大专院校及城市工业，可以接受农村生产单位组成"科研—生产联合体"，共担风险，共享利益。提倡沿海地区的技术、资金等向西部地区转移，联合开发西部地区资源，共享利益。

六是允许农民进入城镇经营工商业和开店设坊、提供各种劳务。允许农村地区性合作经济组织按规划建店房及服务设施进行自主经营或出租。对有经营能力和技术专长的农民进入集镇长期经营工商业的，公安部门准予落常住户口，及时办理入户手续，并发给"自理口粮户口簿"，作为非农业人口看待，享有集镇居民的权利和履行应尽义务。[1]

---

[1] 《国务院关于农民进入集镇落户问题的通知》，1984年10月13日。

三、促进乡镇企业贸工农、技工贸结合

中国在改进乡镇企业流通政策的同时，还把乡镇企业列为出口创汇基地，积极探索贸工农、技工贸结合的发展路径。

1984年5月4日，在已兴办深圳等经济特区取得明显成效和积累经验的基础上，中共中央、国务院批转《沿海部分城市座谈会纪要》，决定进一步开放天津、上海、大连、秦皇岛、烟台、青岛、连云港、南通、宁波、温州、福州、广州、湛江、北海14个沿海港口城市。

1985年中央一号文件《中共中央 国务院关于进一步活跃农村经济的十项政策》提出："靠近沿海开放城市和经济特区的农村，应当成为农业方面的对外窗口和'外引内联'的基地。珠江三角洲、长江三角洲、山东半岛、辽东半岛和其他沿海地区要逐步形成'贸工农'型生产结构，即按出口贸易的需要来发展农产品加工，按加工需要发展农业生产，引进先进技术，提高产品质量。"广东省乡镇企业充分发挥侨乡和临近香港、澳门优势，积极利用外资，大力发展"三来一补"和外向型中外合资、合作企业。到1986年，全省外向型乡镇企业从业人员达30万人。与外商实现各种合同达3.1万个，其中来料加工装配3.07万

个，补偿贸易357个，中外合资、合作企业176个。累计来料加工装配的工缴费收入7.89亿美元，补偿贸易和合资、合作企业出口商品总产值达4561万美元。同时，与外贸联合，走贸工农结合的路子，建立出口生产基地迅速推进。1986年全省有60个乡镇企业经省政府批准纳入第一批出口生产基地，占全省出口基地总数的22.8%，当年出口创汇1.2亿多美元。江苏省乡镇企业充分发挥基础较好优势，采取同外贸合营、联营等方式，1985年以后，直接出口商品收购值以年增长60%以上的速度迅猛发展，大幅超过同期乡镇工业产值增长速度。到1987年上半年，同外贸合营、联营的乡镇企业发展到82个，占外贸系统在江苏省合营、联营企业239个的34%。这些企业绝大多数经过技术改造，出口创汇大幅度增长。

1987年12月召开的中共中央工作会议指出，将来沿海以乡镇企业为主要形式，依靠低工资的廉价劳动力，生产劳动密集型产品出口，占领国际市场，是完全可能的。首先从沿海开始，将来乡镇企业可能在全国的出口中占很大比重。1988年1月，中共中央就上述意见发文，要求抓紧时机贯彻执行。

1987年12月14—18日，农牧渔业部、对外经济贸易部、国家经济委员会在北京联合召开全国乡镇企业出口创汇工作会议。会议确定了"七五"计划后三年乡镇企业出口创汇的指标，提出到1990年创汇要达到80亿美元。会议期间，中共中央、国务院领导人接见了与会全体代表，国务院副总理田纪云听取会议情况汇报。会后，全国各地尤其是珠江三角洲、长江三角洲、闽南三角地带、山东半岛和辽东半岛迅速贯彻落实沿海地区经济发展战略。

1984年以后，在实施"对外开放，对内搞活"政策下，沿海乡镇企业向国际市场拓展，勇当实施外向型经济发展战略的生力军，发展出口创汇企业迈出较大步伐。据不完全统计，全国生产出口产品的乡镇企业，由1980年的不足1500个，增加到1986年的1.1万个。

由"三就地"逐渐转向国际市场，在"三来一补"基础上探索走出贸工农、技工贸结合的路子，拓展了乡镇企业发展空间。1984年之前，社队企业一般采取就地取材、就地生产、就地销售的生产经营原则，其产品一般用于满足区域性地方小市场的需求。1984年以后，沿海地区的一些乡镇企业注意发挥区位优势，不失时机地发展外向型经济。广东、山东、江苏、浙江、辽宁、福建等省的外向型乡镇企业发展尤为迅速。同时，外向型乡镇企业开始由零星分散的小型企业，发展为以中型企业为骨干的出口商品体系或基地。到1988年底，全国乡镇企业出口商品交货总额达298.1亿元（包括"三来一补"）。从出口商品类型看，化工、纺织、轻工、服装、工艺品等所占比重较大。

1986年8月27日—9月5日，国家经济委员会、农牧渔业部在北京联合举办中国乡镇企业首届出口商品展览会，在占地4000多平方米的展厅里，展出全国各地乡镇企业生产的二十大类近万种产品，有品种繁多的食品，各类款式新颖的服装、鞋帽，巧夺天工的工艺品，以及许多矿产、建材产品、丝绸棉麻纺织品、机电产品、精密仪器、化工产品等。许多产品曾获国优、部优、省优称号。还为驻华使馆人员及商业机构代表组织了专场，给几十个国家的200多名驻华人员，其中包括40多位大使、临时代办或商务参赞留下了深刻印象。苏联驻华使馆临时代办参观后感慨地说："真是令人难以置信，这是乡、村生产的产品。"圭亚那大使兴奋地说："乡镇企业的产品质量很高，已接近城市水平。"南通社记者在留言簿上写道："中国乡镇企业产品质量高、品种多、做工细、样式新，就凭乡镇企业的发展，中国经济水平将会有更大的提高。"

四、把乡镇企业纳入国家重大发展计划

随着对发展乡镇企业认识的统一，国家把乡镇企业纳入"七五"计划及国家科学技术委员会实施的"星火计划"等重大发展计划。

一是把发展乡镇企业纳入国家"七五"计划。1985

年9月23日，中国共产党全国代表会议通过的《中共中央关于制定国民经济和社会发展第七个五年计划的建议》，在国家的经济战略布局和发展方针部分指出：发展乡镇企业是振兴我国农村经济的必由之路。指导乡镇企业发展的方针应该是：积极扶持，合理规划，正确引导，加强管理。一般来说，兴办乡镇企业要立足于农业，服务于农业，重点发展农产品加工业，发展农产品的储藏、包装、运输、供销等产前产后服务业。有条件的地方，要在遵守国家规定和保护资源的前提下，积极发展小型采矿业、小水电工业和建筑材料工业。在经济发达地区的农村，可以根据实际需要和自身的条件，发展为大工业配套和为出口服务的加工工业。各地兴办乡镇企业，应当主要依靠自身的资金积累，量力而行，稳步前进，减少盲目性。所有乡镇企业都要努力改善经营管理，提高产品质量，改进生产技术，增进经济效益，并注意防止对环境的污染。该建议还提出，鼓励农民兴办乡镇企业，积极帮助乡镇企业加速实现技术进步。1986年4月12日，六届全国人大四次会议批准《中华人民共和国国民经济和社会发展第七个五年计划》。该计划明确，乡镇企业总产值到1990年比1985年增长1倍。7—9月，以农牧渔业部为主，吸收有关部门参加，联合成立5个调查组，分赴华北、华南、华东、东北、西北、西南地区的14个省、自治区、直辖市近百个县进行实地调查。同时，将调查提纲发往各省、自治区和直辖市，由各地组织调查。这次调查为作出有关宏观决策、完善乡镇企业到2000年的发展规划，提供了第一手材料和依据。

二是把乡镇企业列入"星火计划"。1985年5月，国家科学技术委员会在《关于抓一批短、平、快科技项目促进地方经济振兴的请示》中提出实施"星火计划"。这一计划的内容是：通过推广一批有示范意义和周期短的科技商品，与全国中小企业特别是乡镇企业应用水平相适应，并能取得快的经济效益的技术开发项目，迅速武装农村经济，并作为"七五"科技计划的组成部分，由国家科学技术委员会负责组织实施。这批预期进入农村的先进科技成果，旨在以星星之火促科技运用形成燎原之势，故取名"星火计划"。这一计划采取由国家、地方、企业三方匹配投资。经过几个月的调查、研究和准备，国家科学技术委员会制定了"七五"时期的"星火计划"，拟开发100类适用于乡镇企业的成套技术装备，并组织大批量生产。建立500个技术示范性乡镇企业，为之提供产品设计、全套工艺技术、管理规程和质量控制办法。每年培训一批农村知识青年和基层干部，使他们掌握一两项实用的先进技术。国务院于1985年底批准了这个计划。

1986年3月，国家科学技术委员会发出通知，要求各地科技部门组织科技人员支援乡镇企业,为实施"星火计划"作出贡献。11月23日,国家科学技术委员会在成都市召开全国"星火计划"工作会议,国家科学技术委员会主任宋健在会上提出,允许、支持一部分以至鼓励一部分科技人员从部门束缚中解放出来,到中小城市和农村去承包乡镇企业,创办股份企业和个体企业,允许他们个人先富起来[①]。"星火计划"的实施受到有关部门、广大科技人员的支持和乡镇企业的欢迎。拥有雄厚科技力量的航天工业部,作出"组织科技人员参加'星火计划',两三年内将有万人到乡镇企业工作"的安排,并制定了鼓励政策,成立了由一名副部长任组长的航天工业部智力支援"星火计划"领导小组,并到云南、江苏、浙江等地调查研究乡镇企业,推动工作的开展。城乡建设部指定一名副部长领导落实"星火计划"。1986年,共青团中央为配合"星火计划"的实施,按照实用和实效原则,多形式、多层次、多渠道、多途径培训农村青年4400人,其中60%—70%学到了一两门实用技术。

随着国家"星火计划"的实施和多种渠道多种方式开展技术合作,乡镇企业由运用传统技术向运用现代科学技术转变。据23个省、自治区、直辖市不完全统计,仅1985

---

① 马杰三主编:《当代中国的乡镇企业》,当代中国出版社1991年版,第115页。

年就引进技术项目3万多项和人才6.5万人，培训技术、管理人员60多万人。1987年，全国许多地区建立起乡镇企业培训服务基地，乡镇企业培训工作开始逐步走向规范化、制度化。据山东、广东、福建等省的不完全统计，采取各种形式培训人员35万多人次。技术开发和技术改造进程也大大加快。同时，各地还逐级建立乡镇企业需要的质量检测服务体系，从而推动乡镇企业标准化生产。1988年，智力开发、新产品开发和技术改造工作成为乡镇企业工作的重点之一。在积极推动落实"星火计划"的同时，根据1987年国务院办公厅转发国务院农村发展研究中心《关于农村改革试验区的请示》，开始有步骤、分阶段地在农村建立各类改革试验区，于浙江省的温州、安徽省的阜阳、山东省的周村对乡镇企业制度进行试验。温州试验区的商品经济比较发达，私营经济发展较快。该试验区建于1987年上半年，主要探索出一套有利于私营企业发展的制度与规范。安徽省阜阳试验区是较为贫困的内陆地区，工业基础薄弱，且远离大中城市，是典型的传统农业生产区。该试验区建于1987年3月，主要探索乡镇企业内部制度建设以及市场制度建设和政府行为规范建设。山东省周村属于淄博市的近郊区，商业发达，交通便利。该试验区建于1988年4月，主要探索发展乡镇企业股份合作制经济。乡镇企业改革试验区的建立和积极探索，促进了乡镇企业的发展。

五、加大对乡镇企业发展的支持

在1984年中央一号、四号文件统一全党全社会对发展乡镇企业认识后,国家对乡镇企业发展的支持力度进一步加大。

一是实施税收优惠和信贷扶持。乡镇企业用于补助社会性开支的费用,可按利润的10%在税前列支。对乡镇企业税收的减免,还区别不同地区和行业,分别作出了一些具体的规定。例如:对革命根据地、少数民族地区、边远地区兴办的乡镇企业实行减免税;对化肥和农机具修造企业以及利用废水、废气、废渣等废物为主要原料的企业实行减免税,并将减免税的批准权下放到县级政府。中国农业银行决定把农村信贷工作重点转向乡镇企业,改变"春放、秋收、冬不贷"的做法,改为常收常贷,以适应乡镇企业常年进行资金周转的需要。同时,对饲料、食品、小能源工业的投资和乡镇企业的技术改造资金,在贷款数额和利率上给予优惠。

二是开拓多种筹集资金渠道,解决乡镇企业发展资金困难。1985年初开始,国家决定紧缩银根,压缩基建和贷款规模,银行大幅度削减乡镇企业贷款指标,一度只收不贷。许多地区的乡镇企业在快速发展中一度出现资金严重不足问题。由于依靠农业银行贷款的基本建设资金一部分没有着落，1984年各地兴建的一大批新项目，到1985年形成"半截子"工程。许多老企业由于流动资金不足，生产受影响。为解决资金困难，各地在国家政策允许的范围内，寻找自筹发展资金的新途径，发动群众集资办企业，广泛吸收社会资金，解决了资金不足的问题。据不完全统计，1985年全国乡镇企业从外部引进资金35亿元，群众筹集资金65亿元，两项合计100亿元，相当于同期银行、信用社给乡镇企业增加贷款总额52亿元的近2倍。乡镇企业筹集资金的主要形式有：发动农民集资入股；引进资金，联合经营；催收欠款，加速资金周转；控制分配水平，增加利润提留比例；清理财务，压缩开支，处理库存等。各地严格控制基建规模，按照"先流动资金，后基建资金；先在建项目，后新建项目；先扫尾工程，后半拉子工程；先近期能收效的项目，后规模大、投产晚的项目"顺序使用资金，使资金使用经济合理。

三是各地陆续建立乡镇法律服务机构，为乡镇企业的发展提供法律咨询服务。1984年，司法部从适应农村发展商品经济需要出发，在全国推广辽宁、广东、福建等经济发达地区建立乡镇法律服务机构的做法。到1986年底，全国有22个省、自治区、直辖市建立近2万个乡镇法律服务机构，为1.5万多个乡镇企业提供法律顾问服务，主持调解11万件经济纠纷，帮助乡镇企业追回欠款2.2亿元，使乡镇企业避免经济损失1.87亿元，办理协调公证61万多件，担任民事代理3.4万件，解答法律咨询近100万件。乡镇法律服务机构热心为乡镇企业服务，被广大乡镇企业称为"护法神"。

四是在促进横向经济联合中获得广泛支持。各地政府积极制定多种优惠政策，鼓励横向经济联合。大批乡镇企业与国营企业联合，形成引进资金、技术、设备、原材料、产品等优势；与科研单位、大专院校联合，把科研成果转化为生产力。另外，乡镇企业内部也展开同行业或跨地区、跨行业联合，在此基础上产生大批企业集团和企业群体。横向经济联合促进生产要素优化组合，企业素质提高，生产力布局合理调整。至1988年底，乡村两级联营企业达4.3万个，实现产值458.8亿元、利税61.4亿元。通过横向经济联合，在轻纺、机电、食品、建筑等行业中涌现出一些规模较大的乡镇企业集团，以生产名优特新产品为龙头企业的乡镇企业集群迅速发展，涌现出一些专业区、专业乡和专业村。

五是在农村整党中划清涉及乡镇企业的政策界限。1985年冬季，农村整党工作全面展开。有的地方将乡镇企业的一些正常经营活动和企业经济承包责任制中出现的一些不完善问题，当成新的不正之风加以批评，使一些乡镇企业的厂长、经理产生等待挨整的想法,承包落实不下去,供销员不敢外出搞业务,一度影响了企业生产经营业务的开展。这一情况引起中共中央及各级领导的重视。1986年3月18日,国务院常务会议讨论《乡镇企业经营承包责任制管理暂行条例》时,中共中央整党工作指导委员会负责人薄一波指出:纠正不正之风政策界限不清,对乡镇企业要给政策界限[1]。1986年5月在北方十一省、市委书记整党工作会议上,他进一步强调指出:乡镇企业的大发展,是改革中出现的一件大事,它的发展合乎我国国情,是社会主义商品经济发展的必然结果。这是探索有中国特色的社会主义之路的一大成就。农村整党,一定要支持、引导,保证它健康发展而不是相反[2]。6月10日,中共中央整党工作指导委员会召开的南方七省、区书记农村整党工作座谈会议指出:农村整党工作在涉及处理乡镇企业发展中出现的一些问题时,要十分注意区分政策界限和严格掌握政策,把发展乡镇企业由于缺乏经验而发生的失误,以及正常业务往来和正常协作中必要的应酬,同不正之风问题严格区别开来。各省、自治区、直辖市党委对乡镇企业在整党中遇到的一些政策性问题,也作出相应规定。农牧

---

[1] 马杰三主编:《当代中国的乡镇企业》,当代中国出版社1991年版,第122—123页。

[2] 马杰三主编:《当代中国的乡镇企业》,当代中国出版社1991年版,第123页。

第三章　乡镇企业异军突起（1984—1988）

渔业部乡镇企业局及时向各地介绍了一些省市制定的有关政策界限的规定。由于各级的努力，乡镇企业在整党中遇到的一些政策界限基本划清，打消了厂长、经理、供销人员的顾虑，企业承包经营责任制顺利落实，乡镇企业继续保持全面发展好势头。

六是社会知名人士关心和支持乡镇企业。著名社会学家、全国政协副主席费孝通，著名经济学家薛暮桥，著名物理学家、全国政协副主席钱伟长等社会知名人士，关心和支持乡镇企业的发展。费孝通写了《小城镇 大问题》①一文，受到中共中央负责人的好评。1984年8月，他在考察乡镇企业后写了《在新形势下乡镇企业要用新对策继续开创新局面》一文，指出乡镇企业面临新挑战，要重视信息，重视科技，要和知识分子相结合；乡镇企业要进一步改革，搞好对外开放的横向经济联合。1985年，社会上对苏南乡镇经济发展出现一些争议。同年7月，费孝通第九次考察吴江县，经过认真调查研究后指出：苏南乡镇企业发展主流不能说是"浮夸"，乡村工业这种"草根工业""存在于八亿农民之中，是中国农民一个了不起的创举"。钱伟长1983年应聘担任全国第一所县办的以培养乡镇企业实用人才为主的高等学府——江苏省沙洲职业工学院名誉院长，对这所县办工学院给予了许多支持和具体的

---

① 费孝通：《小城镇 大问题》，《瞭望周刊》，1984年第2、3、4、5期。

帮助，并先后帮助解决许多技术难题。他还多次陪同国内外著名专家学者到沙洲考察讲学。1984年后，中国民主建国会和全国工商联积极发动基层组织和所属机构为乡镇企业开展经济技术咨询服务。

六、乡镇企业占据农村经济的"半壁江山"

随着改革开放的推进，乡镇企业的发展呈现新的特征。一是不仅乡村集体企业快速发展，农民联户办和户办企业也迅速发展，形成多轮驱动；二是乡镇企业横向经济联合广泛发展，发达的东部地区乡镇企业发挥技术、资金优势，与西部地区的资源、劳力优势结合，联合兴办企业日益增多；三是城市国营企业向农村扩散，农民也进城办第三产业；四是乡镇企业突破"三就地"，开展"三来一补"，合资合作企业逐步增多，国际市场日益拓展；五是乡镇企业开始多渠道筹集资金；六是乡镇企业由运用传统技术向运用现代科学技术转变；七是有的乡镇企业开始突破"拾遗补阙、甘当配角"的地位，改"小而全"为专业化、社会化协作生产，在某些工业产品生产中逐渐挑大梁，创出自己的名牌产品。这些都标志着中国乡镇企业进入到全面高速发展的新阶段。

1987年6月，邓小平同外宾谈话时指出："农村改革中，我们完全没有料到的最大的收获，就是乡镇企业发展起来了，突然冒出搞多种行业，搞商品经济，搞各种小型企业，异军突起。这不是我们中央的功绩。乡镇企业每年都是百分之二十几的增长率，持续几年，一直到现在还是这样。乡镇企业的发展，主要是工业，还包括其他行业，解决了占农村剩余劳动力百分之五十的人的出路问题。农民不往城市跑，而是建设大批小型新型乡镇。如果说在这个问题上中央有点功绩的话，就是中央制定的搞活政策是对头的。这个政策取得了这样好的效果，使我们知道我们做了一件非常好的事情。这是我个人没有预料到的，许多同志也没有预料到，是突然冒出这样一个效果。"[1]

乡镇企业在1984—1988年实现比1979—1983年更快的发展，是自有社队企业起至此的第一个高速发展时期。其中，1984—1985年增长最迅猛。1984年与上年相比，企业总数由134.64万个增加到606.5万个，增长3.5倍；从业人员由3234.6万人增加到5208.1万人，增长61%；总收入1537.1亿元，增长65.5%；总产值达1709.9亿元，增长68.2%。1984年乡镇企业净增产值，超过1979—1983年5年净增产值的总和。[2] 1985年，在紧缩银根、宏观控制限

---

[1] 《邓小平文选》第3卷，人民出版社1993年版，第238页。
[2] 1983年的统计是按原社队企业的统计口径，即公社、大队（乡、村）两级集体企业。1984年以后的统计包括乡村两级集体企业、农民联户办的企业和户办企业。

制较多的情况下，乡镇企业多渠道筹集资金，总产值仍实现快速增长，比上年增长59.6%。1986—1988年，乡镇企业增速有所放缓，但仍呈高速增长态势。1986年，国家加强宏观指导，各地从实际出发搞活微观经济，加强横向经济联合，乡镇企业总产值比上年增长29.2%。1987年，乡镇企业总产值比上年增长34%。到1988年，按1980年不变价格计算，全国乡镇企业总产值比1984年增长2.8倍，年平均增长39.6%。

特别值得一提的是，到1986年，全国乡镇企业总产值中非农产业的产值达3472亿元，为当年全国农业总产值3010.7亿元（均按1980年不变价格计算）的115.3%[1]，即乡镇企业中非农产业产值首次超过全国农业总产值，在农村经济中占据"半壁江山"。这是农村产业结构实现历史性变迁的重要标志。

乡镇工业的发展，改变了城乡工业布局，1987年乡镇工业总产值在全国工业总产值中所占份额达26.7%，即四分天下有其一。

乡镇企业的异军突起，不仅体现在其增长速度快，还体现在其增长速度高于整个国民经济增长速度，因而在农村和整个国民经济中的份额大幅度提高，为农村经济乃

---

[1] 马杰三主编：《当代中国的乡镇企业》，当代中国出版社1991年版，第152页。

至整个国民经济的发展作出了重要贡献。1988年,全国农村社会总产值按当年价格计算达12534.69亿元,比1984年的5067.55亿元增长147.4%,年平均增长25.4%。这比前4年(1981—1984)年平均增长16.1%高9.3个百分点。其中,1988年乡镇企业的工业、建筑业、运输业、商业和饮食业等非农产业产值为6669.42亿元,占当年农村社会总产值的53.2%。1983—1988年,乡镇企业工业增加值由302.3亿元增加至1305.6亿元,全国工业增加值由2399.1亿元增加至5814.1亿元,乡镇企业工业增加值在全国工业增加值中的占比由12.6%提高到22.5%,增加了9.9个百分点,年均增加近2个百分点。换言之,乡镇企业成为农村经济的支柱和国民经济的重要组成部分。

第四章 乡镇企业在治理整顿中发展
（1989—1991）

1989—1991年，乡镇企业发展环境发生重大变化。1989年起，国家在1988年价格闯关改革受挫后对国民经济实行治理整顿，加之春夏之际的政治风波，给乡镇企业的发展带来诸多影响，包括宏观经济紧缩情况下市场需求增长放缓、乡镇企业承受"挤"国营企业和走向私有化的社会舆论压力。其间，乡镇企业在治理整顿中深化改革和苦练内功，着力解决之前外延式快速增长积累的问题，发挥其体制机制优势，克服国民经济治理整顿下政策调整和市场需求放缓的问题。尽管增长速度有所下降，但发展较为稳健，仍然在高速增长区间，在农村经济乃至整个国民经济中的份额进一步提升。

一、治理整顿初期乡镇企业遭砍

由于国民经济过热，特别是1988年国家实施价格由计划和市场双轨运行（简称"双轨制"）向单一的市场化并轨的改革闯关，从8月中下旬开始发生大规模挤兑未到期定期存款和抢购商品风潮，引发严重通货膨胀。这些风险的攀升，使价格闯关改革受挫而停止推进。

1988年9月23日，为扭转严峻的经济局面，安定民心，中共中央政治局召开会议，决定开展治理整顿。9月26—30日召开的中共十三届三中全会确定，把1989—1990年改革和建设的重点突出地放到治理经济环境和整顿经济秩序上来。治理经济环境，主要是压缩社会总需求，抑制通货膨胀。整顿经济秩序，就是整顿经济生活中特别是流通领域中出现的各种混乱现象。自此，国民经济进入治理整顿时期。这次全会原则通过《关于价格、工资改革的初步方案》，建议国务院在5年或较长一些时间内，根据严格控制物价上涨的要求，并考虑各方面的实际可能，逐步地、稳妥地组织实施。10月24日，国务院作出《关于加强物价管理严格控制物价上涨的决定》，指出当时市场价格尚未完全稳住，一些商品的价格涨势未减；要进一步采取坚决有力措施，加强物价管理，整顿市场秩序，严格控制物价上涨，确保1989年的物价上涨幅度明显低于1988年；要取缔中间盘剥，重点是整顿经营批发业务的各类公司。

乡镇企业在之前的快速增长中，也存在亟待解决的问题。比较突出的问题是，在一些地方的一些行业和一些产品的发展中,存在不同程度的盲目性,由此造成产业结构、行业结构、产品结构、企业组织结构、企业布局不尽合理,低水平重复建设,能源、原材料浪费,一些企业产品质量差、物质消耗高,一些企业环境污染严重。同时,一些企业在经营活动中存在不正之风,甚至发生违犯法纪等问题[①]。

在治理整顿初期,乡镇企业承受责难的重压。其中关于乡镇企业"挤"国营企业和私有化问题严重的舆论影响其发展。

第一,关于乡镇企业"挤"国营企业的问题。1989年2月,一新闻单位在报道一月份国民经济发展情况时说,国营工业发展速度继续下滑,乡镇工业居高不下;要坚决压乡办工业,保国营工业,治理整顿就是要砍乡镇企业。1989年7月,西北地区一些农业专家、学者对新华社记者说:由于乡镇企业挤了大中型企业的煤、电、运和原材料,1988年全国大中型企业大约有40%的生产能力不能充分发挥作用,一年少创产值4000多亿元,几乎和乡镇企业全年的总产值相等;少创造利税500多亿元,相当于乡镇企业10年向国家上缴税金的60%以上。两者一对比,不难看出乡镇企业究竟是不是"有个很好的机制""很有活力"了。盲目发展乡镇企业,也给农业发展带来很不利的

[①] 农业部向国务院报送的《关于乡镇企业情况和治理整顿意见的报告》。

影响。一是牵扯县乡领导的精力。二是拉走了农业第一线的强壮劳动力。三是转移了农业资金，有些地方的乡镇企业成为县乡干部大搞不正之风的"小金库"。这些年只强调"无工不富""无商不活"，而忽视"无农不稳"，因而不从实际出发，盲目大办乡镇企业，盲目转移农村劳动力，有意无意地放松了开发农业，置开发农业于不顾。因此，他们建议要把兴办乡镇企业的温度降下来，要把那些浪费电力和原材料的乡镇企业坚决关一批。

一些国营大中型企业经理在1989年召开的一次学术会议上说，这些年国家把乡镇企业这些"猴子"放得很开，到处抢我们的食吃，而把我们这些"老虎"捆上绳子，关在笼子，还加上一把锁，使我们处境十分艰难。为此，他们提出，要解开绳子，打开笼子，整一整"猴子"。

中国农业银行以"抽紧银根、治理通货膨胀"为由，提出1990年对乡镇企业贷款实行"零增长"。这使本来就四面受打击、十分困难的乡镇企业处境更加困难。

第二，关于乡镇企业所有制性质问题。1989年后，有人把社会主义公有制误认为就是"国有制"，把社会主义以公有制经济为主体误认为就是国有经济一统天下。在这种观点下，有人认为乡镇企业是不正之风之源，其经营机制是资本主义的[①]，以此为由提出要限制乡镇企业发展。

[①] 参见马立诚、凌志军：《交锋》，今日中国出版社1998年版，第158页。

第四章 乡镇企业在治理整顿中发展（1989—1991）

此外，还误解邓小平关于乡镇企业的谈话精神。1989年6月16日，邓小平同几位中央负责同志谈话时指出："经济不能滑坡。凡是能够积极争取的发展速度还是要积极争取，当然不要求像过去想的那么高。现在主要是我们基础工业薄弱，缺少电和原材料。"[①]还提出，要实现翻两番，对那些浪费电力和原材料的乡镇企业，要坚决关一批。这次谈话只是提出关一批浪费电力和原材料的乡镇企业，而不是关掉所有乡镇企业，目的在于实现翻两番的目标。然而，一些人误解了这次谈话的精神，传谣说"邓小平要关乡镇企业"。

在这样的气氛下，乡镇企业成为被砍的对象。有的动手关掉乡镇企业，有的甚至下达了关掉乡镇企业的指标[②]。据1989年10月23日农业部向国务院报送的《关于乡镇企业情况和治理整顿意见的报告》显示，1989年1—6月，乡镇企业流动资金被大量拖欠，银行贷款余额减少，外部经营环境恶化；关停并转80万家企业，减少500万个职工。对19个省市的统计显示，基建规模压缩了1万多个，压缩投资60多亿元。

乡镇企业在1989年1—6月的治理整顿中，乡办工业产值增长率比1988年回落10个百分点，但仍高达20.8%。同

[①] 《邓小平文选》第3卷，人民出版社1993年版，第312页。
[②] 1989年7月23日，农业部在大连市召开了全国乡镇企业局长座谈会，以统一思想，全面理解邓小平谈话精神。

期，乡镇企业保持较好经济效益，在同期生产资料价格上涨25.5%的情况下，销售收入比1988年同期增长30%，利润增长20.5%，上缴税金增长31%。

二、继续鼓励和引导乡镇企业健康发展

对乡镇企业的责难使广大农民和乡镇企业职工不知所措。有的乡镇企业负责人惶惶地说，过去说我们是功臣，怎么一下就变成了罪人。针对这一现象，国家积极采取措施，加以澄清，对乡镇企业在经济社会发展中的作用给予肯定。1988年9月23日—10月4日，农业部和对外经济贸易部联合主办的中国乡镇企业第二届出口商品展览会在北京中国国际展览中心举行，展示了乡镇企业发展及其作用。这次展览会与1986年举办的第一届中国乡镇企业出口商品展览会相比，展示的出口产品种类更多、档次更高，展示了乡镇企业贸工农相结合、联营的创造力，以及外向型经济发展步伐和出口创汇情况。

中央充分肯定乡镇企业的作用，继续鼓励和引导乡镇企业健康发展。

1989年9月29日，江泽民在庆祝中华人民共和国成立四十周年大会上指出："要在大力加强农业的前提下，继续鼓励和引导乡镇企业健康发展。乡镇企业要有计划地进

行整顿，合理控制发展速度，认真调整产业结构，改善经营管理和经营作风。"[①]10月中旬，江泽民在江西省视察时批评了大砍大杀乡镇企业的做法。他指出："对乡镇企业还是要发展，要搞好管理。有的大砍大杀不行，要引导，使它健康发展。"[②]

1989年11月9日，中共十三届五中全会通过的《中共中央关于进一步治理整顿和深化改革的决定》统一了对发展乡镇企业的认识，并在第十九条专门对乡镇企业进行了阐述，提出：按照"调整、整顿、改造、提高"的方针，积极引导乡镇企业健康发展。十一届三中全会以来我国乡镇企业的发展，为支援农业、解决就业、繁荣经济、增加收入和出口创汇作出了重要贡献，已经成为农村经济的重要支柱和国民经济的重要组成部分。在乡镇企业的发展过程中，也存在着产品质量差，管理水平落后，经济效益低，同国营大中型骨干企业争原料、争能源等问题，必须有计划、有步骤地调整、整顿、改造和提高。这一决定肯定了乡镇企业的作用，明确了"按照调整、整顿、改造、提高的方针，积极引导乡镇企业健康发展"，也针对存在的问题，指明了调整的方向。

---

① 《人民日报》，1989年9月30日第1版。
② 张毅、张颂颂编著：《中国乡镇企业简史》，中国农业出版社2001年版，第124页。

三、在治理整顿中促进乡镇企业发展能力提升

1989年10月23日,农业部向国务院报送的《关于乡镇企业情况和治理整顿意见的报告》提出了乡镇企业治理整顿的措施。该报告提出,在国家计划和产业政策指导下,以提高经济效益为中心,以创优、创新、创汇(简称"三创")和上水平、上质量、上管理、上等级(简称"四上")为手段,引导企业练好内功,把工作着眼点放到深化改革、依靠科技进步、提高效益上来,促使乡镇企业加快实施"五个战略转移",即:由外延发展为主转向内涵发展为主;由重产值增长转向重经济、社会、生态效益提高;由单一依托国内市场转向国内、国际两个市场同时开拓;由企业分散经营转向专业化、社会化、协作化生产;由传统小生产经营管理转向现代化科学管理。该报告还提出,在进行物质文明建设的同时,加强精神文明建设,在乡镇企业中开展爱国家、爱集体、爱企业的"三爱"教育,开展遵纪守法教育,开展社会主义企业经营道德教育,开展勤俭办一切事业教育,纠正经营活动中的一切不正之风,克服铺张浪费倾向。为贯彻执行中共十三届五中全会精神,1990年农业部提出:着重抓好调整产业结构;练好内功,全面提高企业管理水平;优化组合生产要素,

努力搞活经营；大力发展外向型企业；加强服务体系建设；切实加强政治思想工作；为乡镇企业治理整顿、深化改革创造良好环境。1990—1991年期间，有关部门在促进乡镇企业内生发展能力上，采取了积极措施。

一是促进乡镇企业管理水平提升。1990年3月17日，针对乡镇企业存在宏观管理失控、微观管理粗放、基础脆弱、效益不高等问题，农业部印发《关于全国乡镇企业开展"企业管理年"活动的决定》，决定在全国开展"企业管理年"活动。该决定还指出：随着国家治理整顿的深入发展，乡镇企业的外部环境受到制约，自身原有的优势相对减弱，面临着优胜劣汰的严峻考验。治理整顿已成为乡镇企业加强企业管理、挖掘内部潜力、提高企业素质、增强应变能力的有利时机。在"企业管理年"中要抓住以下5个方面的工作，用一年或稍长的一段时间基本完成，为今后进一步加强企业管理打下基础。这5个方面分别是：健全管理工作，加强企业的专项管理，推进企业的现代化管理，深化企业改革、完善经营承包责任制，继续搞好企业升级工作。这个活动以深化乡镇企业改革为动力，以提高经济效益为中心，以提高产品质量和降低物质消耗为重点，努力实现从外延扩大再生产为主向内涵扩大再生产为主、从速度效益型向管理效益型、从经验管理型向科学化管理的转变。为了使乡镇企业管理规范化、制度化，农业部先后制定了《乡镇企业管理基础工作办法》（1991）、《乡镇企业劳动管理规定》（1992）、《关于乡镇企业建立现代企业制度的意见》（1994）。在这次活动中，制定了相关标准，有的按千分制对企业进行了考核，少数企业开始现代化管理试点，初步为企业基础管理和专项管理打下基础。建立五级乡镇企业培训基地。到1990年底，全国乡镇企业系统省（包括计划单列市）以上共建培训中心（包括学校）43个，地、县建395个，通过各种渠道共培训93万人次。这次活动的开展，促进了乡镇企业素质提高，推进企业升级，除国家一、二级企业和全国先进乡镇企业外，各地还设省先进企业、地先进企业、县先进企业。到1990年，经国家有关部门批准，全国乡镇企业共有一级企业2家，二级企业118家，其中当年新进入国家二级企业52家。根据农业部1990年制定的《关于命名全国乡镇企业系统先进企业的试行办法》，首批命名32家先进乡镇企业。农业部对全国评出的483个"企业管理年"活动先进单位予以表彰。

二是促进乡镇企业质量水平提升。在治理整顿中，针对乡镇企业产品质量一般不高和不稳定问题，1991年3月9日农业部发出《关于乡镇企业系统认真贯彻国务院〈关于开展"质量、品种、效益年"活动的决定〉的通知》，要求重点抓乡村两级工业企业全面质量管理达标，普及全面质量管理知识，推广国优产品先进技术、先进工艺、先进管理经验，建立质量保证体系。各地在活动开展中，坚持以提高产品质量为主线，以质量培训为手段，以强化计量工作为突破口，全方位增强质量管理意识，推动企业从数量效益型向质量效益型转变。1991年各省、自治区、直辖市共举办质量培训班200期，共培训5万人次。为提高产品质量和职工技术水平，农业部与团中央共同开展乡镇企业青年技术比武竞赛活动。开展QC小组（质量控制小组）活动，乡镇企业系统获部级优秀QC小组124个，国家级优秀QC小组8个。从1986年到1994年农业部投资1500万元，加上省级投资，在24个产品集中地建立了50个乡镇企业质量监督检测站。这些活动的开展促进了乡镇企业提高质量的认识和观念，为乡镇企业质量水平的提升奠定了基础。1991年有2480家乡镇企业获农业部全面质量管理达标证书。产品质量有了提高，有14个产品获1991年国家质量奖，有689个产品获农业部优质产品奖。

三是增强乡镇企业凝聚力。为提振克服困难、渡过难关的信心，1990年1月5—9日，农业部召开全国乡镇企业工作会议，号召全国乡镇企业开展"三基本、三热爱"活动（即基本路线、基本政策、基本国情，热爱祖国、热爱社会主义、热爱企业）和"三史、三自"教育（厂史、家史、个人成长史，自尊、自爱、自强）。1991年1月5—

9日，中共中央宣传部、农业部联合召开全国乡镇企业思想政治工作会议，明确党在乡镇企业政治思想工作的基本任务，是坚持用爱国主义、集体主义、社会主义武装教育干部职工，不断增强职工素质，调动积极性，促进企业健康发展，逐步培养一支"有理想、有道德、有文化、有纪律"的新型职工队伍，团结一心，艰苦奋斗，不断为建设有中国特色的社会主义作出新贡献。会上，表彰了102个乡镇企业思想政治工作先进单位。这些活动的开展不仅是乡镇企业始终坚持社会主义发展方向的重要保证，也充分调动了广大乡镇企业职工的主观能动性和积极性，增强了企业凝聚力和向心力。

国家在治理整顿中，对乡镇企业实施紧缩拨贷款、加强税收征管、压缩基本建设规模，根据产业政策关、停、并、转一批能耗大、效益差、污染严重的小企业，加强企业财务整顿，对一些重要生产资料重新实行国家专营而一般只按国家计划供应国营大中型企业，以及政策上明确规定"乡镇企业发展所需的资金，应主要靠农民集资筹措""进一步提倡乡镇企业的发展要立足于农副产品和当地原料加工"。在这种情况下，1989年、1990年乡镇企业及其职工连年减少，两年企业减少38万个，职工减少280万人；发展速度降低，总产值由年平均增长50%左右降为

21.4%，工业年平均增长为25.2%[①]。1991年乡镇企业的增长速度仅为14%，远低于1985—1988年的年均增速。

表4-1　1988—1991年乡镇企业发展情况

年份	1988	1989	1990	1991	1991年比1988年增加
企业数（万个）	1888	1866	1850	1908	20
企业人数（万人）	9545	9367	9265	9609	64
总产值（亿元）	6496	7428	9581	11612	5116
其中：工业产值（亿元）	4529	5244	7097	8709	4180

在国家治理整顿期间，面对资金短缺和市场疲软压力，许多乡镇企业苦练内功，依靠科技，强化管理，自身素质得到提升。1991年，乡村集体企业各类工程技术人员155.4万人，占职工总数的3.3%，比上年上升0.3%，其中中级以上技术职称的达到22.0万人。乡村企业职工具有初中以上文化水平的占66.8%，比上年上升3.4个百分点。乡村工业企业完成3.42万个技改项目，技术改造投资99.5亿元，分别比上年增长76.4%和146.3%。在技改项目中，技术含量高、附加值高、消耗低的产品比重增大。新建项目和扩建项目的技术起点也有所提高。1991年全国乡镇企业有13个产品获国优称号，有695个产品获部优称号。

---

① 何康主编：《中国的乡镇企业》，中国农业出版社2004年版，第52页。

四、乡镇企业在治理整顿中健康发展

国家在治理整顿时,采取了积极措施促进乡镇企业健康发展。

为乡镇企业发展提供法规保障。1990年5月,国务院制定了《中华人民共和国乡村集体所有制企业条例》,其实施保障了乡村集体所有制企业的合法权益。在治理整顿期间,1990年2月12日,农业部印发《农民股份合作企业暂行规定》;4月13日,农业部印发《乡镇企业承包经营责任制暂行规定》;5月31日,农业部印发《乡镇工业调整的若干意见》;6月18日,农业部印发《乡镇企业系统内部审计暂行规定》;10月15日,农业部、机械电子工业部联合印发《乡镇机电工业结构调整意见》;1991年3月5日,农业部印发《乡村集体工业企业节能管理暂行规定》;3月15日,农业部印发《乡镇企业管理基础工作办法》;8月30日,农业部印发《乡镇工业企业全面质量管理达标暂行办法》;11月19日,农业部印发《乡镇企业成果鉴定规定》;1992年1月3日,农业部印发《乡镇企业组建和发展企业集团暂行办法》,发布《乡镇联营企业暂行规定》。这些法规的制定实施对引导乡镇企业健康发展起到了积极作用。

鼓励乡镇企业供销人员。乡镇企业发展不是靠计划，而是靠市场，靠1000万供销员满天飞把企业所需要的原材料、能源、信息搞回来，把产品推销出去。乡镇企业家鲁冠球回忆说：那时汽车订货会，我们去参加租个地方，但一说是乡镇企业，就把我们赶了出来，我们只好在外边找个地方，铺上地摊，把产品一放，就做起生意。鉴于此，不能忘记这些乡镇企业的有功之臣。1990年11月15日，在北京召开了全国乡镇企业供销工作会议，表彰了148个全国乡镇企业供销先进集体，680个全国乡镇企业优秀供销员。会议指出：乡镇企业供销工作，不是单纯依托于国营商业、物资流通渠道，主要依托自己开拓市场，原料自采、产品自销，在商品经济这个大海洋中，靠自己培养、实践锻炼，从而发育成熟了一支规模庞大、吃苦耐劳、有献身精神、能进行多功能服务的供销队伍。这支队伍有以下几个特点：（1）具有探索精神和开拓精神；（2）具有以信为本的精神；（3）具有吃苦耐劳精神；（4）具有综合性多功能的服务精神。会议还指出，广大乡镇企业供销人员能具有上述特点和精神，最根本的原因是他们来自农村，具有脱贫致富的强烈愿望，具有建设家乡的深厚感情，因而在困难面前可以百折不挠、千方百计完成供销任务。我国乡镇企业繁重的原辅材料组织采购和产品销售任务，就是靠这样一支供销队伍来承担。这支队伍犹如我们乡镇企业的"血脉",他们把原辅材料组织进来,又把产品推销出去,可以说没有供销队伍这一"血脉"的正常流动,乡镇企业就无法生存和发展。全国乡镇企业的蓬勃发展,乡镇企业系统的供销队伍是立下汗马功劳的。[①]

引导乡镇企业调整结构。1990年1月5—9日,农业部召开全国乡镇企业工作会议,就贯彻落实中共十三届五中全会关于国民经济治理整顿进行部署。这次会议就乡镇企业产业结构、行业结构、产品结构调整进行了部署。会议根据国家产业政策和乡镇企业的经济特性出发,提出乡镇企业调整工作的8项指导思想和原则,包括:正确处理调整与发展的关系;正确处理计划经济与市场调节的关系;正确处理有保有压、重点与一般的关系;正确处理国家产业政策的集中统一和发挥地区优势的关系;正确处理技术结构高中低和企业结构大中小的关系;正确处理积极调整和慎重稳步的关系;正确处理乡镇企业与农业的关系;正确处理乡镇企业与城市工业的关系。

在治理整顿中,乡镇企业投资结构改善,产业结构趋向合理。仅1989年,全国关、停、并、转300万个不符合产业政策的乡镇企业;2万多个乡村两级企业在建项目被停建或缓建,压缩投资100亿元;全国乡村工业企业固

[①] 张毅、张颂颂编著:《中国乡镇企业简史》,中国农业出版社2001年版,第140—141页。

定资产规模压缩，投资结构改善，乡村工业建设项目8.6万个，比上年下降42.2%；新增固定资产198亿元，比上年下降23.4%。从投资结构看，1989年新建项目投资占投资总额的比例由上年的58.4%调整为42.2%；扩建项目投资由上年的25.1%调整为28.7%；技术改造项目由上年的12.3%调整为19.1%。1990年，乡镇企业中农业、工业、建筑业、交通运输业、商业饮食业的产值比重，由上年的1.6∶73.1∶10.8∶7.1∶7.4调整为1.5∶74.1∶10.2∶6.9∶7.3。在乡村工业产值中，轻重工业的比重由上年的51.6∶48.4调整为53.8∶46.2；在轻工业产值中，以农产品为原料的工业产值比上年增长17.2%；在重工业中，采掘工业产值增长10.3%，原材料工业产值增长18.2%，加工工业产值增长7.5%。总体而言，乡村工业中，以农产品为原料的加工工业在轻工业中的比重逐步上升，采掘、原料工业的发展速度高于加工工业。同时，乡村工业的固定资产投资结构得到进一步改善，新建项目比重由上年的42.2%调整为34.9%，扩建项目由上年的28.7%调整为29.1%，技术改造项目由上年的19.1%调整为25.8%。

乡镇企业在治理整顿中，随着自身素质的提高，外向型经济不断发展，出口创汇能力迅速提高。乡镇企业不断适应外部条件的变化，大力引进国外资金、技术、设备和先进管理经验，并到国外寻找市场。国家及时加强引导，出台相应支持政策，强调发挥中小企业特别是乡镇企业在出口贸易中的重要作用，加强乡镇企业出口体系建设，对乡镇企业出口给予新的扶持政策，促进乡镇企业外向型经济发展，各类商品出口规模进一步扩大，为国家创汇的能力显著提高。1991年，乡镇企业完成出口交货值833亿元，占全国外贸商品收购额的比重由1988年的19.1%提高到29.7%[1]；全国乡镇企业"三来一补"工缴费收入达119.2亿元，出口创汇额达160亿美元左右，与1988年相比，分别提高306%和98%。除土产商品出口交货额有所下降外，其他各类出口商品交货额均有所增长，其中以机械、轻工、食品、纺织、丝织等商品出口增长最为显著。同时，乡镇企业利用外资也有很大进展，中外合资企业达7000多家[2]。

---

[1] 何康主编：《中国的乡镇企业》，中国农业出版社2004年版，第166页。
[2] 关锐捷主编：《半个世纪的中国农业》，南方日报出版社1999年版，第162页。

第五章　乡镇企业在市场经济体制下发展（1992—）

　　从1992年起，乡镇企业在新的经济体制下发展。1992年春，邓小平南方谈话作出计划和市场都是手段的论断。中共十四大提出建立社会主义市场经济体制的改革目标，开启了前所未有的发展社会主义市场经济的历史进程。随着社会主义市场经济体制的建立完善，乡镇企业的体制机制发生了重大变化：一是基于中共十四大提出的使市场在社会主义国家宏观调控下对资源配置起基础性作用，乡镇企业的发展受舆论打压和行政干预少了，在市场竞争中优胜劣汰；二是国家通过乡镇企业法的制定施行，保障乡镇企业的法律地位和权益。同时，乡镇企业本身也进行改革，逐步建立现代企业制度，向着独立的市场主体发展。在这样的体制下，在计划经济体制下靠四处寻找市场机会发展起来的乡镇企业，在国有企业适应市场经济的过渡阶段继续显现出其优势，实现进一步发展。

一、明确发展乡镇企业开创了一条有中国特色的农村现代化道路

随着乡镇企业的异军突起,乡镇企业在农村经济、国民经济中的份额增大,在国家发展中的战略地位日益显现。鉴于此,中国共产党和政府进一步明确了发展乡镇企业的战略地位。

邓小平南方谈话把乡镇企业的发展作为国家发展的优势之一和坚持社会主义的重要支撑。邓小平南方谈话指出:"从深圳的情况看,公有制是主体,外商投资只占四分之一,就是外资部分,我们还可以从税收、劳务等方面得到益处嘛!多搞点'三资'企业,不要怕。只要我们头脑清醒,就不怕。我们有优势,有国营大中型企业,有乡镇企业,更重要的是政权在我们手里。"[①]这一谈话不仅解除了怕"三资"企业发展的顾虑,也明示了乡镇企业在社会主义经济改革发展中的战略地位,极大地鼓舞了农民和乡镇企业干部职工。由此,乡镇企业进一步活跃起来。

中共十四大则进一步指出乡镇企业的异军突起开辟了中国发展的一条新路。中共十四大报告指出:乡镇企业异军突起,是中国农民的又一个伟大创造。它为农村剩余劳

---

① 《邓小平文选》第3卷,人民出版社1993年版,第372—373页。

动力从土地上转移出来，为农村致富和逐步实现现代化，为促进工业和整个经济的改革和发展，开辟了一条新路。

中共十四届三中全会审议通过的《中共中央关于建立社会主义市场经济体制若干问题的决定》指出：在保持粮棉等基本农产品稳定增长的前提下，调整农村的产业结构，加快乡镇企业和其他非农产业的发展，为农村剩余劳动力提供更多的就业机会。乡镇企业是农村经济的重要支柱。要完善承包经营责任制，发展股份合作制，进行产权制度和经营方式的创新，进一步增强乡镇企业的活力。在明晰产权的基础上，促进生产要素跨社区流动和组合，形成更合理的企业布局。加强规划，引导乡镇企业适当集中，充分利用和改造现有小城镇，建设新的小城镇。

1997年3月，中共中央、国务院在批转农业部《关于我国乡镇企业情况和今后改革与发展意见的报告》时指出，乡镇企业已成为农村经济的主体力量和国民经济的一大支柱，为转移农村富余劳动力，增加农民收入，增加农业投入，巩固和壮大集体经济，建设富裕、文明、繁荣的社会主义新农村作出了重大贡献；在增加社会有效供给、促进国家工业化、提高综合国力、巩固工农联盟和保障社会稳定等方面发挥了重要作用；为在我们这样一个农民占绝大多数的农业大国解决好农业、农村、农民问题，促进经济体制改革、国民经济和社会发展，探索出了一条成功之路。发展乡镇企业，是推进我国社会主义现代化建设和强国富民的一项重大战略抉择。未来15年，是我国社会主义现代化建设的关键时期，乡镇企业肩负着新的历史重任。

1998年4月，江泽民在江苏考察乡镇企业时强调指出："在我们这样一个农村人口占大多数的国家搞现代化，发展乡镇企业是一个重大战略，是一项长期的根本方针。各级领导同志对此一定要有战略眼光。""发展乡镇企业是实现农业现代化、实现农村小康的必由之路。""要根据市场需要、国家产业政策和当地资源优势，调整优化产业结构，尤其要大力发展农副产品加工业和贸工农一体化的龙头企业，把乡镇企业发展与推进农业产业化经营结合起来。"[①]

中共十五届三中全会通过的《中共中央关于农业和农村工作若干重大问题的决定》指出：乡镇企业异军突起，带动农村产业结构、就业结构变革和小城镇发展，开创了一条有中国特色的农村现代化道路。该决定还指出，乡镇企业是推动国民经济新高涨的一支重要力量，在技术进步、产品更新换代和开拓国内外市场等方面蕴藏着巨大的潜力。当前乡镇企业正处于结构调整和体制创新的重要时期，各级党委和政府要站在全局和战略的高度，对乡镇企

[①]《江泽民文选》第2卷，人民出版社2006年版，第116页。

业积极扶持、合理规划、分类指导、依法管理。乡镇企业要适应农业产业化经营的需要，着重发展农副产品加工业和储藏、保鲜、运销业。要结合整个工业结构调整，加强技术改造和企业管理，提高产品质量，增强竞争能力。东部地区的乡镇企业要注重提高科技含量，发展高附加值产品和外向型经济。中西部地区重点发展劳动密集型和资源加工型产业，也要尽量应用新技术，提高质量和效益。积极推进乡镇企业改革，放手让群众从实际出发，探索和选择企业的经营方式和组织形式，增强企业活力，调动投资者、经营者和劳动者的积极性，确保集体资产保值增值。严禁逃废对金融机构的债务。

二、促进中西部地区乡镇企业发展

由于相对发达的历史基础、较早推进沿海开放的地缘优势、实行"两个大局"战略等原因，东部地区经济发展较快，发展水平较高。由此，乡镇企业发展的区域分布不平衡，占全国人口约2/3的中西部地区，只拥有全国乡镇企业产值的1/3[①]。中西部地区幅员辽阔，资源丰富，是少数民族主要聚居区。经过10多年的改革，中西部地区经济发展取得重大成就，绝大多数农民温饱问题基本解决，有

---

① 《国务院关于加快发展中西部地区乡镇企业的决定》，1993年2月14日。

条件大力发展乡镇企业。鉴于此，中共十四大作出扶持和加快中西部地区和少数民族地区乡镇企业发展的决策。

根据中共十四大的决策部署，1992年11月18日国务院在西安召开全国加快中西部乡镇企业发展经验交流会。这是第一次也是唯一以国务院名义召开的全国乡镇企业会议。

1993年2月14日，国务院印发《关于加快发展中西部地区乡镇企业的决定》。这一决定提出，通过加快发展乡镇企业，促进中西部地区经济腾飞，较快地增加农民收入，实现农村小康和国民经济翻两番的战略目标；更有力地支持和建设农业，推动农业向高产、优质、高效发展，逐步实现农业现代化；大批转移农村剩余劳动力，加快农村工业化和城镇化进程；为进一步促进我国工业和整个经济的改革与发展，作出更大的贡献。这一决定还要求，必须把加快发展乡镇企业作为中西部地区整个经济工作的一个战略重点，提到各级政府重要工作日程上来。改变过去抓工业就是抓国有工业，抓农村经济就是抓农业的传统观念，正确认识乡镇企业与国有企业和农业相互促进、协调发展的关系。要求省、自治区在坚持以农业为基础的前提下，一手抓国有大中型企业，一手抓乡镇企业；地、县要一手抓农业，一手抓乡镇企业。今后，中西部地区县域二、三产业的发展，除国家统一规划开发的工程和项目外，要逐步转到以发展乡镇企业为主的轨道上来；从中央到地方的综合部门和有关业务部门,在为国有大中型企业服务的同时,要积极为发展乡镇企业服务。各级政府主要负责同志要加强领导,一年抓几次,及时解决乡镇企业发展中的重要问题。要选派和配备得力干部充实和加强各级乡镇企业管理机构。该决定还就"实行适应中西部地区经济发展要求的产业政策""提倡不同组织形式的乡镇企业共同发展""鼓励和支持各类人才走上开发乡镇经济的主战场""走因地制宜、合理布局、集中连片发展的路子""积极在中西部地区培育和发展市场体系""多渠道增加中西部地区乡镇企业的资金投入""抓住机遇,推进东西部横向经济联合和城乡联合""各有关部门通力合作,为促进中西部地区乡镇企业上新台阶做出贡献"等作出规定。

在促进中西部地区乡镇企业发展上,组织实施了乡镇企业东西合作示范工程。1994年4月10日,中共中央、国务院印发的《关于1994年农业和农村工作的意见》指出,对乡镇企业要实行分类指导:东部地区的乡镇企业要向效益型、外向型转变,着力于调整产业和产品结构,上水平、上档次、上规模,提高企业素质,增强竞争能力;对中西部地区的乡镇企业要重点扶持,加快发展。已定的专项贷款,今年要保证规模和资金全部到位。组织实施好乡镇企业东西合作示范工程,推进地区间的经济合作。中共中央政治局会议通过的1995年工作要点进一步提出：引导东部地区乡镇企业改善结构，提高产品质量和经济效益，积极扶持中西部地区乡镇企业。根据这一要求，国务院办公厅于1995年2月22日转发农业部《乡镇企业东西合作示范工程方案》。该方案提出，1995—2000年乡镇企业东西合作示范工程的主要任务：一是根据国家产业政策、区域优势和效益，确立1000个东西合作示范项目，为中西部地区乡镇企业发展与提高起示范和导向作用。二是国家科委的"星火计划""火炬计划"项目在同等条件下，应优先支持乡镇企业东西合作示范项目。由国家科委和农业部共同在中西部地区乡镇企业组织推广1000项经省、部级以上鉴定，成熟的新技术、新产品，其中一半以上的项目要形成一定的经营规模。三是在充分协商基础上，组建100对对口双边合作市、县，为发展乡镇企业开展经济、技术、商贸、劳务等合作。四是采取各种形式（包括代培养、带班学习或中西部就地培训等），为中西部地区培养1万名技术骨干和厂长，造就一批懂技术、会管理、善经营的乡镇企业人才。五是开展干部交流。根据《乡镇企业东西合作示范工程》实施需要，在原有基础上进一步扩大东、中、西部地区间的干部交流。

1997年3月11日，中共中央、国务院关于转发农业部《关于我国乡镇企业情况和今后改革与发展意见的报告》

的通知提出："要因地制宜，分类指导。东部地区要突出提高，在提高中发展；中西部地区要继续快速发展，在发展中提高。东部地区要积极发展技术密集型、资金密集型产业和外向型经济，推动企业扩大规模、提高技术水平和产品档次，逐步把劳动密集型、资源加工型产业向中西部地区转移，以加快中西部地区的发展步伐。积极实施东西合作战略。东中西部地区要按照优势互补、互惠互利、真诚合作的原则，加强联合与合作，走出以东带西、以西促东、携手共进的发展道路，逐步缩小地区间经济发展的差距。"

在政策支持和工作推动下，中西部地区乡镇企业实现快速发展。1991—1996年，中西部地区乡镇企业数由1242万个增加到1476万个，在全国乡镇企业总数中的占比却由65%降到63.2%；职工由4596万人增加到6853万人，在全国乡镇企业职工总数中的占比由47.8%增加到50.7%；总产值由3931亿元增加到33926亿元，年平均增长53.9%，在全国乡镇企业总产值中的占比由33.8%提高到39.2%。其中，中西部地区工业产值由2415亿元增加到20304亿元，年平均增长53.1%，在全国乡镇工业总产值中的占比由27.7%提高到31.8%[①]。在"十一五"时期，东、中、西部和东北地区乡镇企业增长速度分别为11.98%、13.66%、

---

① 何康主编：《中国的乡镇企业》，中国农业出版社2004年版，第54—55页。

13.33%和13.36%，东部地区占比首次下降。江苏、浙江、山东、广东等沿海发达省份的传统劳动密集型产业加快向省内相对落后地区和中西部地区转移，取而代之的是科技含量更高的新兴产业。中部地区积极承接东部地区产业转移，带动当地特色优势产业发展，增长速度总体上快于东部地区，辽宁、吉林、内蒙古、河南、湖北、湖南、安徽、江西、重庆、四川、陕西等省市都保持两位数增长①。

三、出台专门法律为乡镇企业发展保驾护航

改革开放初期，在制定政策促进乡镇企业发展的同时，明确乡镇企业的法律地位并实施法律保障的问题也提出来了。1984年2月21日，全国人大常委会委员长彭真在浙江省调研时指出："中央对社队企业的方针已经定了，建议搞一个法。这样一个法，一是说明社队企业是合法的；二是有个大框框，企业和国家有关部门、群众，大家都遵守。除了搞个法以外，再搞一个你们自己（指农牧渔业部）的规章制度。"②中共中央、国务院转发农牧渔业

---

① 《乡镇企业：东西合作结"硕果"》，《农民日报》，2011年8月4日第8版。

② 马杰三主编：《当代中国的乡镇企业》，当代中国出版社1991年版，第548页。

部和部党组《关于开创社队企业新局面的报告》，同意将社队企业更名为乡镇企业后，1984年4月20日农牧渔业部乡镇企业局向各省、自治区、直辖市乡镇企业局发出关于进行乡镇企业法起草准备工作的通知。5月召开的六届全国人大二次会议，有32位代表提出建议制定乡镇企业法的议案。农牧渔业部在调研基础上，于1988年起草了《中华人民共和国乡镇企业法》，报送国务院。当时主张先制定一部国务院行政法规。八届全国人大常务委员会副委员长田纪云说："1978年以来，为了引导、扶持和规范乡镇企业发展，党中央、国务院制定了一系列方针政策，颁布了有关乡镇企业的法规、政策性文件30多件，有关部门还制定有关政策规章40件，基本上形成了乡镇企业发展的政策法规体系。但是，这些政策、法规尚未上升到法律的高度。"[①]到1993年，八届全国人大常委会将乡镇企业法纳入研究制定立法规划，明确由全国人大财经委员会负责组织起草。经过3年多的工作，多次征求国务院有关部委、地方政府和乡镇企业主管部门、经济法律专家、乡镇企业以及农民的意见，反复讨论修改，到1996年10月29日，第八届全国人民代表大会常务委员会第二十二次会议通过《中华人民共和国乡镇企业法》，决定该法自1997年1月1日起施行。这是第一部规范乡镇企业的法律。

---

① 何康主编：《中国的乡镇企业》，中国农业出版社2004年版，第55页。

《中华人民共和国乡镇企业法》的制定和施行，旨在扶持和引导乡镇企业持续健康发展，保护乡镇企业的合法权益，规范乡镇企业行为，繁荣农村经济，促进社会主义现代化建设。

《中华人民共和国乡镇企业法》从当时乡镇企业特定功能的实际出发，明确了乡镇企业独特的地位和任务。该法第三条规定："乡镇企业是农村经济的重要支柱和国民经济的重要组成部分。乡镇企业的主要任务是，根据市场需要发展商品生产，提供社会服务，增加社会有效供给，吸收农村剩余劳动力，提高农民收入，支援农业，推进农业和农村现代化，促进国民经济和社会事业发展。"

《中华人民共和国乡镇企业法》明确了发展乡镇企业的基本方针、重要原则、主要任务，明确了乡镇企业产权关系，理顺了乡镇企业管理体制，规范了乡镇企业支农义务，提出了扶持乡镇企业发展措施和规范其行为的具体要求。该法的颁布施行，是乡镇企业发展史上的重要里程碑，受到广大农民和乡镇企业职工的拥护，对促进、引导、保护和规范乡镇企业发展发挥了积极作用。

四、建立市场经济体制进程中出台以促进乡镇企业改革与发展为主题的中央文件

据农业部于1997年1月31日向中共中央、国务院上报的《关于我国乡镇企业情况和今后改革与发展意见的报告》显示，乡镇企业虽然取得了很大成绩，但也存在不少问题，在改革和发展中还有许多困难。从乡镇企业自身看，一是有些地方盲目上一般性工业项目，铺新摊子，搞低水平重复建设，产业产品结构不尽合理，企业布局过于分散；二是一些企业产权不清，政企不分，机制弱化，集体资产流失；三是有些企业管理粗放，经营不善，负债率高，物耗能耗高，职业病危害和事故隐患严重，产品质量和经济效益不好；四是一些企业污染环境、浪费资源、滥占耕地现象严重。从外部环境看，有些地方和部门对发展乡镇企业的重大意义认识不足，支持不够，措施不力，政策落实不到位，没有把发展乡镇企业摆上重要位置；不少地方乡镇企业不合理负担很重，乱摊派、乱收费、乱罚款、乱集资现象普遍存在；有些地方和部门随意平调乡镇企业资产，改变企业所有制性质，侵犯企业合法权益；有的地方随意撤并乡镇企业行政管理机构，特别是乡镇级乡镇企业管理机构建设困难较多，管理力量薄弱，队伍不稳

定。另外，地区之间发展很不平衡，东中西部地区发展差距仍然很大。

1997年3月11日，针对乡镇企业发展存在的问题，中共中央、国务院转发了《农业部关于我国乡镇企业情况和今后改革与发展意见的报告》，并在转发通知中指出：要适应社会主义市场经济和社会化大生产的客观要求，以"三个有利于"为标准，尊重农民的实践、创造和选择，总结经验，逐步规范，采取多种形式，积极支持和正确引导乡镇企业深化改革，明晰产权关系，确保乡镇企业资产特别是集体资产保值增值，完善经营机制，调动所有者、经营者、生产者的积极性和创造性，增强企业的生机和活力，提高企业的经济效益和竞争能力。要正确处理发展与提高的关系，既保持持续快速增长，又注重提高整体素质。要不断完善以工补农建农带农政策，积极兴办以农副产品加工、流通为龙头的企业，实行种养加、贸工农一体化，促进农业的产业化、集约化经营，使农民和企业结成利益共同体，使农产品增值增效，使农民增加收入。要合理开发利用资源，积极防治污染，切实保护资源，保护环境，保护耕地。合理调整产业结构，优化企业布局，依靠科技进步，强化企业管理，切实解决一些地方和企业低水平重复建设、布局分散、经营粗放、管理不善、效益不高等问题。

该通知还指出：党和国家对乡镇企业实行"积极扶持、合理规划、分类指导、依法管理"的方针。各级党政领导要站在改革开放和建设有中国特色社会主义的战略高度，充分认识发展乡镇企业的重大深远意义，坚定不移地促进乡镇企业的改革、发展和提高。要把乡镇企业纳入国民经济和社会发展的总体规划，制定切实可行的政策措施，加大扶持力度，为其创造良好的外部环境。各级党委和政府要切实加强领导，把发展乡镇企业作为繁荣农村经济和整个国民经济的一个战略重点，摆上重要议事日程，经常研究乡镇企业发展的新形势、新情况、新经验，对一些重要问题及时作出决策，解决改革和发展中的困难和问题。认真落实有关乡镇企业的法律法规和政策措施。要切实减轻乡镇企业负担，保护乡镇企业的合法权益。进一步健全乡镇企业的管理机构，充分发挥其规划、指导、管理、监督、协调和服务的职能作用。

该通知是继1984年中央四号文件后又一个以促进乡镇企业改革与发展为主题的中央文件，对于建立社会主义市场经济体制进程中促进乡镇企业提高素质、质量、效益和改善结构发挥了积极作用。

五、乡镇企业的分化与乡镇企业概念中"乡镇"二字的淡出

1992年起,社会主义市场经济体制的建立,为乡镇企业创造了更为广阔发展空间的体制,乡镇企业进入第二个高速发展期。1991—1996年,整个国民经济高速增长,乡镇企业又实现了比国民经济更快的增长,全国乡镇企业增加值由2972亿元增加到17659亿元,进而使乡镇企业增加值在国内生产总值中的占比由13.5%扩大到24.6%。同期,全国乡镇企业工业增加值由2227亿元增加到12628亿元,在全国工业增加值中的占比由27.4%扩大到42.7%[①]。

1997年1月1日起施行《中华人民共和国乡镇企业法》,加上两个月后中共中央、国务院转发《农业部关于我国乡镇企业情况和今后改革与发展意见的报告》等,发展乡镇企业的政策和法律环境进一步改善。

受1997年亚洲金融危机冲击,全球经济疲软,加上国内重复建设严重导致产能过剩问题突出,中国企业特别是国有企业陷入困难境地。鉴于此,中共十五大和十五届一

[①] 根据《辉煌70年》编写组编的《辉煌70年——新中国经济社会发展成就(1949—2019)》(中国统计出版社2019年版,第362、364页)和何康主编的《中国的乡镇企业》(中国农业出版社2004年版,第218页)数据整理。

中全会决定用3年左右时间使大多数国有大中型亏损企业摆脱困境。在这样的宏观经济下,促进乡镇企业发展政策的实施受到影响,出现"两头热、中间冷"现象。全国人大常委会副委员长布赫于2000年7月6日在第九届全国人大常委会第十六次会议上所作的全国人大常委会执法检查组关于检查《中华人民共和国乡镇企业法》实施情况的报告[①]显示:一些地方和部门对乡镇企业重要地位和作用认识不到位,对贯彻实施乡镇企业法重视不够。有的认为乡镇企业法是部门法,是乡镇企业自身的事,与己无关。该报告还显示,发展乡镇企业缺乏主要的配套法规规章,一些扶持政策措施没有得到落实。有些政策对乡镇企业未能同等对待,乡镇企业难于平等竞争。在贷款、出口配额、技术改造、引进人才、股票上市、粮食收购等方面的政策,乡镇企业未能享受到平等待遇,有的部门和单位对乡镇企业还有歧视现象。"有的同志认为乡镇企业服务于三农的历史使命已经完成",出现了对乡镇企业"宣传舆论淡化,政策扶持弱化,企业负担强化,管理服务退化,投资环境恶化"[②]的现象。

受1997年亚洲金融危机冲击,1997—2000年乡镇企业

---

① 2000年4—5月,根据全国人大常委会执法检查计划的安排,全国人大常委会执法检查组分4个小组,赴河南、陕西、江西、浙江、山东、辽宁、湖南、重庆8个省市,对《中华人民共和国乡镇企业法》实施情况进行检查。

② 《经济日报》,2001年2月20日第7版。

高速发展态势没有实现延续，与1992—1996年的高速增长相比，增长速度有所放缓：全国乡镇企业增加值由20740亿元增加为27156亿元，年平均增长9.4%；固定资产原值由19427亿元增加到26224亿元，年平均增加投资2266亿元；企业净利润由4355亿元增加到5883亿元，年平均增长10.5%；实缴税金总额由1526亿元增加到1996亿元，年平均增长9.4%；职工工资总额由5827亿元增加到7060亿元，年平均增长6.6%[①]。

20世纪90年代中后期，全国乡镇企业尽管增长速度有所下降，但素质提高、实力增强、规模扩大、盈利增多，污染企业、破坏资源企业、生产假冒产品企业、安全隐患严重企业、长期亏损企业减少，实现了速度与效益同步提高。

乡镇企业也开始分化，一些朝着大规模、高科技、外向型发展，一些则受亚洲金融危机下市场需求增长减缓、中国经济高速增长后短缺经济的基本结束影响，由于规模小和粗放型增长而发展空间难以拓展。

世纪之交，基于乡镇企业在组织制度改革、政策支持、法律保障下发展壮大而日益成为独立的市场主体，对乡镇企业的认识也发生变化，主要体现在两个方面。

一是关于对乡镇企业是否继续实施优惠政策和承担支

---

① 何康主编：《中国的乡镇企业》，中国农业出版社2004年版，第58—59页。

农义务。全国人大常委会执法检查组关于检查《中华人民共和国乡镇企业法》实施情况的报告反映，有的认为在市场经济条件下，国家不应再给乡镇企业优惠扶持政策，乡镇企业也不应再承担支农义务了。报告还显示，乡镇企业负担沉重，侵权行为仍时有发生。据有关部门调查，乡镇企业收费总额约占税后利润的20%，仅1999年就达1000多亿元[①]。乡镇企业的沉重负担，影响其进一步发展。

二是乡镇企业的名称是否反映改革发展后的实际。有人提出乡镇企业这个词过时了，主张名称换为中小企业或民营企业。针对这一问题，《领导决策信息》1999年第15期发表农业部乡镇企业局负责人文章，提出乡镇企业不能改名换姓。文章认为，农民用农业的积累、资源、富余劳动力兴办起来的乡镇企业，是不能随意改名换姓的。因为它牵涉到党和国家关于乡镇企业一系列方针政策是否保持稳定的大问题。文章还指出，主张用中小企业或民营企业替代乡镇企业名称，不符合中央方针政策和国家有关法律法规精神，在一定程度上混乱了人们的思想，干扰了乡镇企业的改革与发展，影响了乡镇企业队伍的稳定。特别是一些同志错误认为，乡镇企业只是乡村集体企业，农村

---

① 布赫：《全国人大常委会执法检查组关于检查〈中华人民共和国乡镇企业法〉实施情况的报告——2000年7月6日在第九届全国人民代表大会常务委员会第十六次会议上》，《中华人民共和国全国人民代表大会常务委员会公报》，2000年第4期。

的个体、私有企业不是乡镇企业，改成股份制、股份合作制的也不是乡镇企业[1]。这一问题持续存在，全国人大常委会执法检查组检查《中华人民共和国乡镇企业法》实施情况时也发现，有的认为乡镇企业只是指乡村集体办的企业，而大批乡镇企业改制后就不算是乡镇企业了；有的认为乡镇企业已经完成了历史使命，乡镇企业这个名称也过时了[2]。到2004年，《中国乡镇企业》2004年第1期发表了《乡镇企业这个名称不要随意改》[3]。

随着改革的深化和发展水平的提升，乡镇企业发生了一系列变化，包括由散落到乡村向城镇和产业园区集中、由限于"五小工业"到全面发展、由短缺经济下发挥"船小好掉头"优势到买方市场下为提升竞争力的逐步规模化，特别是在产权制度改革后农村社区集体产权的逐步退出及由此弱化支农义务的承担。不仅如此，在改革开放初期以乡镇企业家为荣耀，而在发展现代企业进程中认为乡镇企业及乡镇企业家土气。加之作为独立市场主体的乡镇

---

[1] 姜永涛：《"乡镇企业"不能改名换姓》，《领导决策信息》，1999年第15期。

[2] 布赫：《全国人大常委会执法检查组关于检查〈中华人民共和国乡镇企业法〉实施情况的报告——2000年7月6日在第九届全国人民代表大会常务委员会第十六次会议上》，《中华人民共和国全国人民代表大会常务委员会公报》，2000年第4期。

[3] 杨丽生：《乡镇企业这个名称不要随意改》，《中国乡镇企业》，2004年第1期。

企业，不少已成为规范的上市企业，对其已没有实质性优惠政策。在这种情况下，乡镇企业及乡镇企业家不愿意再使用这个名称。

中共十六届五中全会审议通过的《中共中央关于制定国民经济和社会发展第十一个五年规划的建议》仍然将乡镇企业纳入规划。该建议指出，充分挖掘农业内部增收潜力，扩大养殖、园艺等劳动密集型产品和绿色食品的生产，努力开拓农产品市场。大力发展县域经济，加强农村劳动力技能培训，引导富余劳动力向非农产业和城镇有序转移，带动乡镇企业和小城镇发展。中共十七大报告在征求意见过程中，根据有人建议增加"发展乡镇企业"部分的内容[①]，报告正式稿写上了"以促进农民增收为核心，发展乡镇企业，壮大县域经济，多渠道转移农民就业"。中共十七届三中全会审议通过的《中共中央关于推进农村改革发展若干重大问题的决定》指出：统筹城乡产业发展，优化农村产业结构，发展农村服务业和乡镇企业，引导城市资金、技术、人才、管理等生产要素向农村流动。中共十七届五中全会通过的《中共中央关于制定国民经济和社会发展第十二个五年规划的建议》，没有提及乡镇企

[①] 夏林、孙承斌、邹声文：《发展中国特色社会主义的政治宣言和行动纲领——党的十七大报告诞生记》，《人民日报》，2007年10月28日第1版。

业。农业部是乡镇企业的行政管理部门[①]，2013年2月将乡镇企业局改为乡镇企业局（农产品加工局），2013年底将乡镇企业局（农产品加工局）更名为农产品加工局（乡镇企业局），2018年农业农村部以农产品加工局（乡镇企业局）为基础新组建乡村产业发展司。至今，乡镇企业法没有被废止[②]，但由于多种因素叠加，"乡镇企业"和"乡镇企业家"概念中的"乡镇"二字实际上已逐步淡出。

[①] 1976年2月1日，国务院批准农林部增设人民公社企业管理局，1979年改为人民公社企业管理总局，1982年7月改为社队企业管理局。1984年中共中央、国务院批转农牧渔业部和部党组《关于开创社队企业新局面的报告》后，社队企业局更名为乡镇企业局。

[②] 2020年8月17日，农业农村部在对十三届全国人大三次会议第6845号建议的答复中指出，乡镇企业已成为带动农民就业增收的乡村企业，乡镇企业法已滞后于乡村企业发展的需要，应适应乡村产业发展需要适时修订乡镇企业法。

第六章　农民参与视角的乡镇企业组织制度变迁

乡镇企业是与农民主体性参与和农村社区联系在一起的,起于20世纪50年代社、队集体兴办的企业,在改革开放初期演变为集体、个人等多轮驱动,在发展市场经济进程中逐步突破农村社区性。

一、社队企业的社区集体经济性质与实行承包经营改革

社队企业在很长时期是在农村人民公社体制下社、队集体兴办及社、队联合兴办企业的统称,是农村社区集体经济组织中的重要组成部分。20世纪50年代—70年代末,在发展集体经济走共同富裕道路取向下,农村兴办企业只由社、队集体兴办,农村非集体企业没有产生的政策和经济条件。

改革开放初期，社队企业仍然坚持实行清一色的集体所有制。农户在集体经济组织实行家庭承包经营后成为经营主体，有的逐步发展成为兼业或专业户，加之允许发展个体经济和私营企业，打破了农村企业只由社、队集体兴办的所有制结构。特别是1984年中共中央、国务院批转农牧渔业部和部党组《关于开创社队企业新局面的报告》的通知将社（乡）、队（村）举办的企业、部分社员联营的合作企业、其他形式的合作工业和个体企业都明确为乡镇企业而予以肯定，促进了农村多种所有制企业的快速发展。

中共十一届三中全会前后，针对社、队包揽所属企业账目和实行"统收统支"的问题，从有利于调动社队企业干部职工积极性，以及处理好社区集体经济组织与社队企业的关系、社队企业内部职工与职工的关系出发，部分社、队对所属企业实行定人员、定产值、定资金、定利润、定分配等措施，对超产的给予经济奖励，对完不成定额任务的则从经济上进行处罚（简称"几定奖赔"责任制）。

对社、队集体所有的企业，在中共十一届三中全会前后实行"几定奖赔"责任制基础上，逐步推广多种形式承包经营。社队企业参照农业生产责任制，根据企业不同生产特点和经营状况，积极探索实行多种形式的承包经营。

承包经营的形式，按承包对象划分，有集体承包，厂长、经理承包，合伙承包，个人承包等；按分配形式划分，有超利分成、全奖全赔等。多数地区的企业以"集体承包超利分成"为主，对种植养殖企业、小型搬运队、修理店、服务行业，以及设备简陋、生产不正常、长期亏损的企业则实行"利润包干"。1987年底，实行多种形式承包经营制度的乡、村集体企业达98%以上[①]。实行承包经营制度这一改革，构建起集体经济组织与社队企业新的关系，激发了社队企业干部职工的积极性。

随着社队企业承包经营制度的实行，对其管理制度和管理体制也进行了改革。1983年2月，江苏省无锡县堰桥公社开始对社队企业实行承包经营责任制、干部聘用制、工人合同制、工资浮动制、报酬奖罚制等10项改革，1984年初无锡市委和江苏省委负责人将这个公社关于社队企业承包经营责任制、干部聘用制、工人合同制、工资浮动制的做法概括为"一包三改"。1984年下半年—1985年，全国普遍学习这一做法，有的还从各自实际出发实行"一包四改""一包五改""一包六改"。

一是将社队企业领导干部由社队行政机关任免，改为选聘制，并实行厂长任期目标制。这一改革让能者受聘，

---

① 马杰三主编：《当代中国的乡镇企业》，当代中国出版社1991版，第363页。

将事业心强、有实际经验、有文化技术的生产经营能手选聘到企业领导岗位，促进了企业经营管理能力的提高。

二是改革职工招收制度。社队企业在职工招聘制度改革前，除外聘少数技师、技工外，基本上由社、队统一安排农民到企业，企业所需职工素质难以得到保障。在职工招收上实行按厂定编、按岗定人、面向社队公开招收、统一考核择优录用、签订合同明确工期等改革，不仅促进了职工业务素质的提高，也激发了职工劳动热情和提高学习技术业务的自觉。

三是改革劳动报酬制度。坚持按劳分配原则，根据企业生产经营特点和需要，将计时工资制度改为计时工资加奖励，实行联产、联利、联供、联销计酬等。同时，实行节约奖、超利奖、超产奖，且上不封顶、下不保底。对行政管理人员则将按人头发工资，改为岗位目标浮动工资、超利分成奖等。

在全国社队企业内部管理制度改革的同时，部分地区对改革社队企业管理体制进行了探索。四川省广汉县于1980年试行把社、队直接管理企业，改为建立社队农工商公司，使政企分开，企业实行独立自主管理（简称"改官办为民办"）。同年10月，在成都召开的全国社队企业局长座谈会与会者和在成都参加展销会的全国各地代表参观广汉县试行的企业管理体制改革后反应较强烈。之后，湖南、陕西、山西、广东、河南、贵州等省的部分地区进行"改官办为民办"试点。对这些改革实践存在不同认识。有人认为社队企业是社、队办的，不存在改"官"办问题。有人担心这一改革导致社、队失去领导权，会影响社队企业发展。大多数人认为，社队企业体制改革涉及面广，政策性强，各地条件不同，不宜硬性推行某一模式，允许在实践中探索。

二、乡镇企业"多轮驱动"

乡镇企业从仅由社、队集体兴办，到形成集体、个人等"多轮驱动"[①]格局，先是从实践上突破的。随着家庭承包经营制度的实行，农村剩余劳动力多的问题显化，农民强烈寻找发展非农产业机会。农民收入大幅增加，向非农产业拓展有资金支撑，而统派购农产品品种和比重减少、农业连年丰收使农民有条件从事农产品加工业。在这种条件下，一些地区出现农民个人筹资或联合集资办企业，并挂靠在某一社、队集体企业名下，成为"挂户"企业。1983年12月26日，农牧渔业部和部党组向中共中央、国务院报送的《关于开创社队企业新局面的报告》显示，

---

① 最初人们习惯将乡、村、组、联户、户办企业和个体企业称为"五个层次"，后把乡（镇）、村（组）、联户和户办企业统称为"四个轮子"。

近年来出现了许多联户合办、跨区联办等形式的合作性质企业和各种联营、自营企业,并逐步向小集镇集中。部分社员合资经营企业发展很快,已有50多万个。其中,一半以上是工业,估计年产值30亿元以上。这些企业多数是合作企业,或者是可以引导成合作企业的①。

1984年国家明确鼓励和支持多轮驱动发展乡镇企业。这年中央一号文件《中共中央关于一九八四年农村工作的通知》提出:家庭小工业、供销合作社办工业、国营和社队联办工业各具有不可取代的经济作用和意义,应努力办好。这就明确了鼓励与支持农民兴办家庭小工业企业在内的多种所有制企业,在中央文件中进一步突破了仅局限于社、队集体办企业的政策。3月,中共中央、国务院批转农牧渔业部和部党组《关于开创社队企业新局面的报告》的通知中,不仅鉴于农村企业发展情况变化同意将社队企业更名为乡镇企业,还明确界定乡镇企业的范围包括社(乡)队(村)举办的企业、部分社员联营的合作企业、其他形式的合作工业和个体企业,并强调乡镇企业是多种经营的重要组成部分、农业生产的重要支柱、广大农民群众走向共同富裕的重要途径、国家财政收入新的重要来源。该通知还要求,对部分社员联营的合作企业、分散

---

① 农牧渔业部和部党组:《关于开创社队企业新局面的报告(摘要)》,《国务院公报》,1984年第5号,第148页。

生产联合供销的家庭工业和个体企业，也应热情支持，积极引导和管理，使其健康发展。

在政策上允许多轮驱动发展乡镇企业是其异军突起的重要原因。在农村允许发展非集体企业及多方面放宽政策的实施，乡镇企业形成乡办、村办及其他形式合作办、农民联户办、个体办齐发展的局面。尤其是农民联户办、个体办企业发展迅猛，成为一些地区乡镇企业发展的重要形式之一。1986年12月，中共中央、国务院召开的全国农村工作会议，从乡镇企业所有制归属角度，将其归纳为乡（镇）办、村办、联户办、户办4种基本形式一起发展。到1987年，全国乡镇企业4个层次的占比情况见表6-1。这一年，全国29个省、自治区、直辖市中，联户、户办企业产值占当地乡镇企业总产值一半以上的有贵州、河南、广西、安徽、宁夏、河北、内蒙古、吉林等8个省、自治区；与乡、村集体企业平分秋色的有黑龙江、青海、陕西、西藏4个省、自治区；占40%以上的有新疆、甘肃、四川、江西、福建5个省、自治区。其余省、自治区、直辖市联户和户办企业也都实现较快发展。

表6-1　1987年全国乡（镇）、村、联户、户办企业比重

层次	企业个数/万个	占总数%	职工/万人	占总数%	总产值/亿元	占总数%	工业产值/亿元	占总数/%
总计	1750.3	100	8805.2	100	4764.3	100	3243.8	100
乡（镇）办企业	42	2.4	2397.5	27.2	1825.8	38.3	1345.8	41.5
村办企业	116.3	6.6	2320.7	26.4	1411.5	29.6	1149.9	35.5
联户办企业	118.9	6.8	923.6	10.5	424.8	8.9	282.9	8.7
户办企业	1473	84.2	3163.3	35.9	1102	23.1	465	14.3

资料来源　马杰三主编：《当代中国的乡镇企业》，当代中国出版社1991年版，第119页。

到20世纪90年代中期，坚持实施多轮驱动发展乡镇企业的政策。1997年3月，中共中央、国务院转发农业部《关于我国乡镇企业情况和今后改革与发展意见的报告》提出：坚持以集体经济为主导，多种经济成分共同发展。发展乡镇企业要继续实行"多轮驱动，多轨运行"，乡（镇）办、村（含村民小组）办、联户（含农民合作）办和户（即个体、私营）办，以及合资、合作、联办企业共同发展。采取多种形式发展壮大集体经济，农民举办的各种合作企业，只要留有公共积累，实行按劳分配和民主管理，都是新型的社会主义集体所有制经济，要热情支持。积极探索集体经济有效实现形式，鼓励股份合作制、股份制企业的发展。鼓励和引导农村个体、私营企业和"三资"企业的发展。

在允许发展多种所有制乡镇企业政策下，全国乡镇企业发展总体上是"多轮驱动"。各地因地制宜，基于当地人文、历史发展基础等因素，形成有地方特色的乡镇企业发展模式。当时，依据各种经济形式在地区所占比重差异，将乡镇企业地方发展模式大致概括为苏南模式、温州模式、廊坊模式3种①。其中，苏南地区偏重发展集体企业，温州偏重发展户办、联户办企业，廊坊则实行"四轮驱动"。

三、促进农民联营企业实行股份合作制

在长期只实行集体所有制的背景下，实行家庭承包经营制度后，农民兴办企业遇到了政策限制和理论上不认可的问题。乡镇企业实行股份合作制，是在允许多种所有制经济发展的实践初期，在探索促进集体经济发展走共同富裕道路进程中萌发兴起。乡镇企业股份合作制的建立发展大致有3个方面的因素。

1.乡镇企业股份合作制在引导雇工经营向合作经济发展中萌发。改革开放初期，农村实行股份合作制，最开始是与解决雇工经营问题相关的。当时雇工经营在政策上是禁区。1980年9月，中共中央印发的《关于进一步加强

---

① 马杰三主编：《当代中国的乡镇企业》，当代中国出版社1991年版，第204—239页。

和完善农业生产责任制的几个问题》中明确规定"不准雇工"。农户在家庭承包经营后为解决扩大生产中面临缺少劳动力的问题而实行雇工经营,引发了对其姓"社"姓"资"的激烈讨论。广东省高要县养鱼能手陈志雄跨队承包鱼塘,最多时雇长工5个,还雇了不少临时工。1981年5月29日,《人民日报》开辟《怎样看待陈志雄承包鱼塘问题》讨论专栏,历时3个月,选登了20余篇讨论文章。开篇《一场关于承包鱼塘的争论》围绕陈志雄雇工经营算不算剥削问题,介绍了4个方面的意见,一是认为他的雇工剥削是不能允许的。二是认为他承包的鱼塘是集体的,一部分收入交集体,付给雇工的工资报酬比较高,不能说是剥削。三是认为应当发挥能人的技术专长,但对可以请多少助手和报酬多少才算合理要进一步研究。四是认为在多种经济成分存在情况下,像陈志雄这样承包鱼塘,既有利于集体,又有利于个人,即使有一点剥削也不应大惊小怪[①]。9月发表一篇较全面的调查报告,认为陈志雄的收入有占有雇工剩余劳动成分,但雇工经营有利于生产发展,应实事求是地对待。1982年7月,中央领导人的一次谈话指出,对雇工经营的人不表扬、不批评、不戴帽子、不割尾巴,要趋利避害。1983年中央一号文件明确要有区

[①] 陈处兮:《一场关于承包鱼塘的争论》,《人民日报》,1981年5月29日第2版。

别地对待实践中新出现的经济现象。该文件指出：我国是社会主义国家，不能允许剥削制度存在。但是我们又是一个发展中的国家，尤其在农村，生产力水平还比较低，商品生产不发达，允许资金、技术、劳力一定程度的流动和多种方式的结合，对发展社会主义经济是有利的。因此，对农村中新出现的某些经济现象，应当区别对待。例如，农户与农户之间的换工、丧失劳动能力或劳力不足者为维持生活所请的零工、合作经济之间请季节工或专业工、技术工等等，均属群众之间的劳动互助或技术协作，都应当允许。农村个体工商户和种养业的能手，请帮手、带徒弟，可参照《国务院关于城镇非农业个体经济若干政策性规定》执行。

鉴于农村非公有制经济的迅速发展，既有利于促进经济发展，又能够调动各方面积极性，明确了引导非公有制经济向合作经济发展的政策取向。1983年12月，农牧渔业部和部党组向中共中央、国务院报送的《关于开创社队企业新局面的报告》提出，某些社员联营企业，不能确定其是否属于合作经济性质的，可以积极指导经营，引导其向合作经济发展，不要歧视。也可以要求它们拿出部分利润支援农业；如果它们自愿向社队投资，应当欢迎，但是这些都必须是有偿的，防止强行摊派和平调[①]。1984年中央

[①] 该报告于1984年3月由中共中央、国务院批准转发。

一号文件指出：目前雇请工人超过规定人数的企业，有的实行了有别于私人企业的制度，例如，从税后利润中留一定比例的积累，作为集体公有财产；规定股金分红和业主收入的限额；从利润中给工人以一定比例的劳动返还等。这就在不同程度上具有了合作经济的因素，应当帮助它们继续完善提高，可以不按资本主义的雇工经营看待。实行经营承包责任制的社队企业，有的虽然采取招雇工人的形式，但只要按照下列原则管理，就仍然是合作经济，不能看作私人雇工经营：一是企业的所有权属于社队，留有足够的固定资产折旧费和一定比例的公共积累；二是社队对企业的重大问题，如产品方向、公有固定资产的处理、基本分配原则等有决策权；三是按规定向社队上交一定的利润；四是经理只是在社队授权范围内全权处理企业业务；五是实行按劳分配、民主管理，对个人投入的资金只按一定比例分红，经理报酬从优，但与工人收入不过分悬殊。这些规定既反映了当时雇工经营企业的一些现实情况，又明确了解决雇工经营遇到难题及引导其向合作经济发展的政策取向及具体措施。文件发出后，很多雇工经营向合作经济靠拢。

2.乡镇企业股份合作制在国家鼓励个体、私营企业实行资金联合、合股经营、股金分红制度过程中孕育兴起。改革开放初期，农户所办企业在扩大生产经营规模过程中，从解决资金短缺问题出发选择联户办、合伙办，资金联合和合股经营开始兴起。为促进共同富裕，国家也从政策方面引导资金联合和入股经营。1983年中央一号文件提出：根据我国农村情况，在不同地区、不同生产类别、不同的经济条件下，合作经济的生产资料公有化程度，按劳分配方式以及合作的内容和形式，可以有所不同，保持各自的特点。例如：在实行劳动联合的同时，也可以实行资金联合，并可以在不触动单位、个人生产资料所有权的条件下，或者在保留家庭经营方式的条件下联合；在生产合作之外，还可以有供销、贮运、技术服务等环节上的联合；可以按地域联合，也可以跨地域联合。不论哪种联合，只要遵守劳动者之间自愿互利原则，接受国家的计划指导，有民主管理制度，有公共提留，积累归集体所有，实行按劳分配，或以按劳分配为主，同时有一定比例的股金分红，就都属于社会主义性质的合作经济。这样，根据经济发展的需要，自然而然地毫不勉强地通过多种形式、多种层次的经济联合，可以把众多的分散的生产者联结起来，使之成为整个社会主义经济的有机组成部分。1984年中央一号文件进一步提出：允许农民和集体的资金自由地或有组织地流动，不受地区限制。鼓励农民向各种企业投资入股；鼓励集体和农民本着自愿互利的原则，将资金集中起来，联合兴办各种企业，尤其要支持兴办开发性事业。国家保护投资者的合法权益。1985年中央一号文件提出：有些合作经济采用了合股经营、股金分红的方法，资金可以入股，生产资料和投入基本建设的劳动也可以计价入股，经营所得利润的一部分按股分红。这种股份式合作，不改变入股者的财产所有权，避免了一讲合作就合并财产和平调劳动力的弊病，却可以把分散的生产要素结合起来，较快地建立起新的经营规模，积累共有的财产。这种办法值得提倡，但必须坚持自愿互利，防止强制摊派。

由上可见，直到1985年，尽管中央一号文件还没有直接使用股份合作制概念，而只是提资金联合、股份式合作，但将其明确为合作经济并强调实行民主管理和按劳分配为主，则已包含了之后提出和实行的股份合作制的要义。

在当时条件下，股份合作制是农户、联户、私营企业为实现进一步发展的一种选择。在实践中，股份合作形式多样，有老企业折股、扩股联营，有国营、集体企业、农民合股联办，有农民间集资或大户牵头向职工或社会招股；利润分配也形式多样，有按股金分红，有不分红只保本付息，有按劳、按资比例分红实现劳资两利，有既保本保息又盈余分红，有合股者不发工资、不留积累而只按股分配净收入。股份合作制的兴起发展，不仅对解决农户、联户、私营企业生产经营中资金短缺问题有利，还起到了以下作用：

一是股份合作制产权较为明晰，能够避免当时合伙制企业经营中的纠纷。基于户办、联户办的合伙企业，一般以地缘、血缘为纽带，在兴办之初，多数没有书面协议而只是君子口头协定，也几乎没有章程，如此，合伙人权、责、利模糊，遇到问题无章可循，往往是"一年合伙，二年红火，三年散伙"。例如，安徽阜阳地区临泉县4兄弟在合伙经营中也发生打官司现象。再如，太和县4个农户在家庭分厂基础上合伙办总厂，实行轮流坐庄，因各家庭分厂都想要卖给总厂较高价格的利益诉求难协调而解体[①]。选择股份合作制可以避免合伙企业经营中的一些问题，也就成为合伙企业向股份合作制企业发展的内在需求。

二是股份合作制的实行，促进组织化规模经营，能够节约交易成本和促进市场整合。例如，浙江温州发展形成许多专业村，其中不少是挂在集体经济组织下的家庭生产经营，因为规模小，且分散经营，为在激烈的市场竞争中生存发展，有的采取降低价格、降低质量办法，甚至发生欺骗行为，既扰乱市场，又不利于各自获得较好收益，影

[①] 国务院研究室农村组、农业部农村改革试验区办公室、中国社会科学院农村发展研究所课题组：《九十年代产权制度的对策研究——中国农村股份合作经济专辑》，中国商业出版社1994年版，第11页。

响其进一步发展。为破解这一问题,乡、村集体经济组织牵头,家庭企业入股,成立股份合作制总厂。家庭企业向总厂入股实现产权联结,以此为基础,实行双层经营。总厂统一商标、质量、计量管理,统筹提高产品质量档次;协调联系客户(各家庭企业仍可保持原有供销渠道),以降低交易成本;实行最低销售价格管理,避免压价自相残杀;统一与税收、质量部门联系,统一到政府工业办公室开发票,以减少工作成本。总厂与家庭企业的双层经营,既统一管理,又分级核算和自负盈亏,当地人将其喻为农业双层经营体制在第二产业的实践。例如,1990年仙降镇成立的瑞安市塑料胶鞋总厂,由200多个家庭分厂按比例投资入股,总厂和家庭企业实现双赢,促进全镇塑料胶鞋产业快速发展[1]。1990年温州试验区各类股份合作企业达2万余家,其中工业企业约1.3万家[2]。

3.股份合作制被明确姓"社"下广泛发展。在发展横向联合初期,实践中既发展股份制,也发展股份合作制。是促进股份制发展,还是促进股份合作制发展,存在争论。1986年,中共中央书记处农村政策研究室多次提出乡

---

[1] 国务院研究室农村组、农业部农村改革试验区办公室、中国社会科学院农村发展研究所课题组:《九十年代产权制度的对策研究——中国农村股份合作经济专辑》,中国商业出版社1994年版,第9页。

[2] 国务院研究室农村组、农业部农村改革试验区办公室、中国社会科学院农村发展研究所课题组:《九十年代产权制度的对策研究——中国农村股份合作经济专辑》,中国商业出版社1994年版,第6页。

镇企业股份制，1987年还与农业部联合对在乡镇企业中发展股份制问题进行调研，没有引起热烈反响，甚至经济较发达的广东、浙江还表示反对[①]。1989年后，乡镇企业姓"社"姓"资"问题成为焦点，有人甚至将乡镇企业中的集体所有制企业也视为"私有制"[②]。1990年2月，作为乡镇企业主管部门的农业部制定《农民股份合作企业暂行规定》，以鼓励和引导股份合作企业健康发展，保护其合法权益，加强规范化管理。其中，第二条对农民股份合作企业进行了界定，即指由3户以上劳动农民，按照协议，以资金、实物、技术、劳力等作为股份，自愿组织起来从事生产经营活动，接受国家计划指导，实行民主管理，以按劳分配为主，又有一定比例的股金分红，有公共积累，能独立承担民事责任，依法批准建立的经济组织。第三条还明确农民股份合作企业姓"社"，即农民股份合作企业是劳动农民的合作经济，是社会主义劳动群众集体所有制经济，是乡镇企业的重要组成部分和农村经济的重要力量。第十二条明确，根据生产发展需要，可以扩股或增股。这一条无疑有助于解决治理整顿期间乡镇企业面临发

---

① 国务院研究室农村组、农业部农村改革试验区办公室、中国社会科学院农村发展研究所课题组：《九十年代产权制度的对策研究——中国农村股份合作经济专辑》，中国商业出版社1994年版，第20页。

② 张毅、张颂颂编著：《中国乡镇企业简史》，中国农业出版社2001年版，第120页。

展资金短缺困难。第十四条规定，股金分红中相当于储蓄利息部分，企业可按有关规定列入生产经营成本。这一规定保障了以按劳分配为主，也有利于减轻企业税收负担。1992年12月，针对股份合作制迅速推广过程中对股份合作制仍存在认识不清、缺乏规范化管理等问题，农业部印发的《关于推行和完善乡镇企业股份合作制企业的通知》指出，股份合作企业保持股份制筹集资金、按股分配、经营管理方面的合理内核，吸收股东参加劳动、按劳分配、提取公共积累等合作制的基本内核，是集股份制、合作制优点于一体的新型社会主义集体经济组织形式，其产生、发展、完善将为中国探索出新的有效的公有制实现形式，并具有极为深远的经济、政治、社会意义。通知还明确，股份合作制企业税后利润，一般用于扩大再生产的股本增加为40%左右、公共积累为20%左右，用于职工的福利基金和奖励基金为15%左右，用于股金分红为25%左右，其分红率不得超过资金利润率。

1993年11月14日，中共十四届三中全会审议通过的《中共中央关于建立社会主义市场经济体制若干问题的决定》，将农村探索形成的股份合作制写入其中。该决定提出，乡镇企业要完善承包经营责任制，发展股份合作制，进行产权制度和经营方式创新，进一步增强乡镇企业活力。该决定还提出，一般小型国有企业，有的可以实行承包经营、租赁经营，有的可以改组为股份合作制。现有城镇集体企业也要理顺产权关系，区别不同情况可改组为股份合作制企业或合伙企业。可见，股份合作制不仅被明确在农村实行，也明确在城市国有小企业和集体企业中实行。

对于实践中兴起的股份合作制，学界对其性质进行探讨。1992年，中共中央政策研究室农村组、国务院研究室农村组、深圳市委政策研究室联合召开股份合作制讨论会。当时有股份制和股份合作制两种提法。在当时看来，合作制是走共同富裕道路的主要形式，股份合作制代表走社会主义道路。广东省农委针对农村存在分类型的股份制，提出可统称为"股份经济"[①]。1992年5月，北京农业大学农经学院农业双层经营课题组召开农村股份合作制学术讨论会，理论研究者和来自广东、浙江、上海、山东等农村股份合作制试点地区的与会者一致认为，各地农村蓬勃兴起股份合作制不是偶然现象，是社会主义商品经济发展的产物，有其客观必然性。有专家指出，当前从经济形式改革转向产权组织形式改革是农村改革的大势所趋。与会者对农村股份合作制性质的认识发表了不同看法，主

[①] 国务院研究室农村组、农业部农村改革试验区办公室、中国社会科学院农村发展研究所课题组：《九十年代产权制度的对策研究——中国农村股份合作经济专辑》，中国商业出版社1994年版，第18页。

要有4种：一是认为它是公有制的一种实现形式。二是基于股权是一种私有权并实行按股分红，进而认为它是私有制的一种形式。三是认为它是一种中性的经济成分，在公有制基础上形成的股份合作制姓"公"，在私有制基础上形成的股份合作制姓"私"。四是认为它是在社会主义制度下重建了个人所有制[①]。国务院研究室农村组、农业部农村改革试验区办公室、中国社会科学院农村发展研究所课题组于1993年6月召开股份合作企业暨农村合作金融课题研讨会，并在会议综述基础上形成总报告，收入1994年5月出版的《九十年代产权制度的对策研究——中国农村股份合作经济专辑》一书。总报告呈现了全国农村改革试验区6年间经验的总结性研究成果，其中对股份合作制作出界定，认为对农村股份合作经济，既不必强调成为"唯一""方向性"的制度形态；也不必把"股份化"与"私有化"混为一谈[②]。总报告还显示，近几年股份合作制企业在农村广泛发展，呈现出集中于二三产业特别是第二产业的产业分布、集中于东部沿海地区的地域分布等特点；发展股份合作经济，通过股权联合，对集体乡镇企业"掺

[①] 北京农业大学农经管理学院农业双层经营课题组：《农村股份合作制学术讨论会综述》，《农村经营管理》，1992年第9期。

[②] 国务院研究室农村组、农业部农村改革试验区办公室、中国社会科学院农村发展研究所课题组：《九十年代产权制度的对策研究——中国农村股份合作经济专辑》，中国商业出版社1994年版，第2页。

沙子",促进集体乡镇企业经营机制转换,有利于解决集体乡镇企业地方"小国营"化和资产被承包经营者占有的"灰色和私有化"[1],以及处置好集体企业在发展中形成新的积累等问题。不少经济较发达的农村地区积极探索发展股份合作经济。其中,以集体企业为主的苏南地区,提出引入山东周村产权改革经验,将村组集体资产股份作到职工、社区成员而改造成股份合作制企业,将有的乡镇级企业改造成控股公司,以"再造苏南模式"[2]。该书收入的国务院研究室农村组余国耀于1993年3月撰写的《深化农村改革不宜把多类型的农村股份制搞成单一的模式》指出,"目前农村的股份合作制和股份制的类型、形式很多""这是各地区经济条件不同、群众要求不相一致,而各地政府和党组织坚持从实际出发,尊重群众意愿、自由选择的结果"[3]。该书收入的国务院发展研究中心农村部陈锡文撰写的《股份合作制:农村经济新的经营组织形式》指出,股份是将分散资产集聚起来进行联合经营的一

---

[1] 国务院研究室农村组、农业部农村改革试验区办公室、中国社会科学院农村发展研究所课题组:《九十年代产权制度的对策研究——中国农村股份合作经济专辑》,中国商业出版社1994年版,第6—7页。

[2] 国务院研究室农村组、农业部农村改革试验区办公室、中国社会科学院农村发展研究所课题组:《九十年代产权制度的对策研究——中国农村股份合作经济专辑》,中国商业出版社1994年版,第181页。

[3] 国务院研究室农村组、农业部农村改革试验区办公室、中国社会科学院农村发展研究所课题组:《九十年代产权制度的对策研究——中国农村股份合作经济专辑》,中国商业出版社1994年版,第171页。

种形式，可以被多种经营组织借用。运用股份形式是合作经济的题中应有之义，合作经济组织如果不借用这种形式，成员的部分资产就不可能集聚起来联合经营。股份合作制在许多地区迅速兴起，是继实行家庭联产承包制后，农民和农村干部对农村经营组织形式又一新的创造。股份合作制在集体所有制的乡镇企业中被大量采用，厘清了企业初始投资的产权关系，厘清了企业与社区组织的关系，有利于政企分开和企业打破社区封闭，进而增强资产流动性[①]。

综上所述，农村股份合作制企业的兴起和推广发展，有特定的历史逻辑、理论逻辑、实践逻辑。乡镇企业在改革开放初期选择实行股份合作制，既是农民主体性参与下乡镇企业发展的内在需要，也是体制机制完善的需要。所谓发展的内在需要，是因为乡镇企业发展面临资金、人力合作的问题。正因为如此，主体性参与的农民群众在发展经济过程中，采用入股兴办新的合作企业，或将原有集体所有制企业实行厂内职工缴纳股金并向社会集资入股，发展了一批群众集资入股的合作企业。所谓体制机制完善需要，是在农村实行清一色集体所有制到允许多种所有制经

[①] 国务院研究室农村组、农业部农村改革试验区办公室、中国社会科学院农村发展研究所课题组：《九十年代产权制度的对策研究——中国农村股份合作经济专辑》，中国商业出版社1994年版，第177、180、181页。

济发展、计划经济体制向市场经济体制转变过程中，从当时生产力水平、倡导发展集体经济、将股份合作制企业视为集体经济的创新形式和公有制有效实现形式的特定历史发展阶段的选择。这一时期并不是将股份合作制作为过渡形式，而是将其视为社会主义性质的组织制度形式，是一种需要积极倡导发展的产权制度。在股份合作制姓"社"的认识以及政策、法规引导下，全国股份合作制企业快速发展[1]，甚至一些地区还以下达指标的方式促进乡镇企业实行股份合作制，有的股份制企业也冠名"股份合作制"，这被形象地喻为抢红帽子戴。到2000年，全国乡镇企业中，股份合作企业有16.26万个，其增加值为1777亿元，在集体企业中的占比分别为20.3%和18.9%[2]。

四、乡镇企业由发展股份合作制向股份制演变

乡镇企业由发展股份合作制向股份制演变，大致经历了两个阶段。

第一个阶段是既明确发展股份制又促进股份合作制

---

[1] 1992年12月24日，农业部印发的《关于推行和完善乡镇企业股份合作制企业的通知》中对股份合作制的兴起和推广进展作出如下陈述：改革开放以来，我国不少地方试行了乡镇企业股份合作制，收到良好成效。1990年2月我部发布《农民股份合作企业暂行规定》，对股份合作制在全国的迅速推广，推动农村商品经济的发展起到了明显作用。

[2] 何康主编：《中国的乡镇企业》，中国农业出版社2004年版，第119页。

发展。农业部继1990年印发《农民股份合作企业暂行规定》、1992年印发《关于推行和完善乡镇企业股份合作制企业的通知》促进股份合作制发展后，1995年根据自1994年7月1日起施行的《中华人民共和国公司法》，印发了《关于乡镇企业建立现代企业制度的意见》，在着力促进股份合作制发展的同时着力促进股份制发展。该意见明确将乡镇企业改造成符合公司法要求的有限责任公司和股份有限公司。其中指出，在新的形势下，乡镇企业必须深化改革，提高企业整体素质，增强市场竞争力。中心点是完善和创新机制，建立产权清晰、权责明确、政企分开、管理科学的现代企业制度。这一意见还指出，建立现代企业制度首先要理顺产权关系，完善乡镇企业法人制度，改变产权不明晰、政企不分状况，使企业拥有独立法人财产权，成为独立行使民事权利、承担民事责任的法人实体；其次要建立现代企业的组织制度，对乡村集体企业按股份制企业应具备的条件，逐步进行改造和规范，待条件成熟时不失时机进行改制；最后要建立现代的用工、工资、财务会计、审计等企业管理制度。

1997年3月，中共中央、国务院转发农业部的《关于我国乡镇企业情况和今后改革与发展意见的报告》在强调发展乡镇企业要继续实行"多轮驱动，多轨运行"的同时，提出要积极探索集体经济的有效实现形式，鼓励股份合作制、股份制企业发展。报告还提出，深化乡镇企业改革必须坚持以"三个有利于"为标准，认真贯彻党中央、国务院关于"积极支持，正确引导，总结经验，逐步规范"的原则，尊重农民的实践，尊重农民的创造，尊重农民的选择，积极探索创新，注重实际效果。改革的形式可以多种多样。有条件的企业可以组建有限责任公司、股份有限公司或企业集团；一般的集体企业，可以完善承包制，也可以实行股份合作制；小型、微利、亏损企业，可以通过租赁、拍卖、联合、兼并、破产等办法进行要素重组。不论哪种形式，都要坚持以下几点：一是政企职责分开，政府从直接管理生产经营转向宏观规划、指导、管理、监督、协调、服务，使企业真正成为自主经营、自负盈亏、自我约束、自我发展的市场主体。二是优化企业内部经营机制和激励机制，使所有者、经营者、劳动者能够充分发挥积极性，主动为企业发展多作贡献。三是确保企业集体资产保值增值，不得流失。近几年，不少乡镇企业实行了股份合作制，这种形式对于增强企业活力，提高经济效益，是有成效的。股份合作制的形式可以多种多样。新建的乡镇企业，包括农民自己联办的、农民与国有企业、城镇集体企业、外资企业合资合作办的，都可以实行股份合作制。个体、私营、合伙企业转化为股份合作制应予鼓励和引导。乡村集体企业改为股份合作制企业，采取增量扩股的做法，有利于增加企业资本金，应予提倡；同时，可探索以多种形式搞活存量。对把集体资产化为私有的做法，是不允许的，应当做好工作，予以纠正。

农村股份合作制显著的制度绩效，给同期城市小企业的发展起了积极示范作用。1997年8月7日，国家经济体制改革委员会印发的《关于发展城市股份合作制企业的指导意见》指出，近些年来，在城市小企业改革中，各地借鉴农村改革的经验，积极试行股份合作制。各地着眼于从整体上搞好国有和集体经济，从明确投资主体、落实产权责任入手，大胆探索，逐步加快了小企业改革的步伐，股份合作制成为城市小企业改制的重要形式，使一大批小企业焕发了生机。基于实践的发展，这一指导意见对股份合作制企业的认识更为明确，分析指出股份合作制适应社会主义市场经济的要求，促进了生产力的发展；股份合作制是采取了股份制一些做法的合作经济，是社会主义市场经济中集体经济的一种新的组织形式；股份合作制是在改革中群众大胆探索、勇于实践的重大成果。

中共十五大在作出"公有制实现形式可以而且应当多样化"的理论创新下，对股份合作制经济作出进一步肯定，并将股份合作制明确为优先鼓励发展的方向。中共十五大报告指出："目前城乡大量出现的多种多样的股份合作制经济，是改革中的新事物，要支持和引导，不断总结经验，使之逐步完善。劳动者的劳动联合和劳动者的资本联合为主的集体经济，尤其要提倡和鼓励。"中共十五届三中全会审议通过的《中共中央关于农业和农村工作若干重大问题的决定》，进一步将股份合作制明确为优先鼓励发展的方向，指出："要从农村经济现状和发展要求出发，继续完善所有制结构。在积极发展公有制经济的同时，采取灵活有效的政策措施，鼓励和引导农村个体、私营等非公有制经济有更大的发展。适应生产和市场需要，发展跨所有制、跨地区的多种形式的联合和合作。供销合作社、信用合作社要继续深化改革，更好地为农业、农民服务。农民采用多种多样的股份合作制形式兴办经济实体，是改革中的新事物，要积极扶持，正确引导，逐步完善。以农民的劳动联合和农民的资本联合为主的集体经济，更应鼓励发展。"在建立社会主义市场经济体制和探索公有制有效实现形式进程中，乡镇企业股份合作制实现进一步发展。

20世纪80年代到世纪之交，在乡镇企业的发展实践中，股份合作制和股份制都有所发展。到2000年，全国乡镇企业中股份制企业有2.5万个，占乡镇集体企业总数的3.1%；增加值817亿元，占集团企业增加值的8.7%。[1]这表明，在乡镇企业中，实行股份合作制企业远多于股份制

---

[1] 何康主编：《中国的乡镇企业》，中国农业出版社2004年版，第121页。

企业。这是因为尽管国家引导有条件的乡镇企业实行股份制并以此为基础建立现代企业制度，但同时也鼓励发展股份合作制。

第二阶段是乡镇企业由发展股份制和股份合作制向发展股份制转变。这缘于中央将股份制明确为公有制的主要实现形式，以及促进以股份制为基础的现代企业制度建设。中共十六大报告提出推进现代企业制度建设，积极发展股份制，使股份制成为公有制的主要实现形式。基于这一产权制度改革取向，中共十六大报告及十六届三中全会通过的《中共中央关于完善社会主义市场经济体制若干问题的决定》没有写入股份合作制，在实践中股份制企业不再抢戴股份合作制这顶"红帽子"，股份合作制也向股份制演变。股份合作制企业与原来的集体企业相比，对包括企业经营管理层在内的所有成员都有激励，但仍存在对经营管理层成员激励不充分问题。股份合作制实践时间不长，对于股份合作制中存在的一些问题还没有充分时间加以解决，就被股份制替代。

中共二十大指出，中国式现代化是全体人民共同富裕的现代化。这次大会将实现全体人民共同富裕明确为中国式现代化的本质要求之一，并强调到2035年全体人民共同富裕取得更为明显的实质性进展。扎实推进共同富裕，需要通过完善农民参与的股份制和股份合作制，构建共享发展成果机制。中共十八大以来,以共享发展理念为引领,中共中央、国务院印发《关于稳步推进农村集体产权制度改革的意见》,积极推进农村集体经济组织的股份合作制改革,各地在实践中因地制宜地探索集体权益和成员权益统一的有效实现形式[①]。同时,中央在政策上引导和支持农民以土地承包经营权等入股的方式,促进农村一二三产业融合发展中包括农民在内的各参与主体利益联结机制的形成[②]。农民主体性参与和农村社区性是乡镇企业在夹缝和歧视中发展乃至异军突起的内在因素。以股权联结尤其是股份合作制激励农民主体性参与一二三产业融合发展,既是乡镇企业组织变迁的重要历史启示,也是践行共享发展理念和全面推进乡村振兴的要求。

---

① 参见郑有贵:《农业"两个飞跃"应创建集体权益与成员权益统一的实现形式》,《毛泽东邓小平理论研究》,2017年第8期。
② 参见郑有贵:《农村同步迈向全面小康社会方案和经验》,《宁夏社会科学》,2020年第5期。

第七章　农村工业、乡镇企业在夹缝和歧视中发展的实现机制

农村工业、乡镇企业异军突起并非一帆风顺，而是经历了在夹缝和歧视中生存发展的艰难过程。

所谓农村工业、乡镇企业在夹缝中生存发展，主要表现在农村工业、乡镇企业与城市工业、国有企业的关系。新中国在成立后把工业布局于城市和工矿区，而农村最初延续发展手工业，且被定位为农村的副业。从1958年起，中央明确在农村发展工业，但在实际上限于发展"五小工业"范畴。20世纪60年代初的国民经济调整时期又明确农村人民公社一般地不办工业企业。改革开放初期，明确社队企业可以配合城市国营企业生产，但不能"挤"城市国营企业，要求社队企业不与城市国营企业重复建设和争原料、争市场。在20世纪80年代后期的国民经济治理整顿中，不少人仍然认为乡镇企业在挤国有企业。

所谓农村工业、乡镇企业在歧视中生存发展，主要表

现在两个方面：一方面，"四清""文化大革命"等政治运动中社队企业被指责为"钻国家计划的空子""投机倒把""挖社会主义墙角""搞资本主义"等，其发展遭受冲击。在1989年后的一段时间，发展乡镇企业被不少人视为走私有化道路。另一方面，静态和孤立地看待农村工业、乡镇企业耗能高、污染环境、产品质量不高等现象，忽视乡镇企业的改进，认为发展乡镇企业是以小挤大、以落后挤先进，在20世纪70年代末起的国民经济调整、80年代初期的打击经济犯罪、80年代末的国民经济治理整顿期间，对乡镇企业采取了或明或暗的不利措施。

农村工业、乡镇企业为什么能够在夹缝和歧视中生存发展乃至异军突起？农村工业、乡镇企业是在城乡发展水平有差异的二元结构下，农民为获得发展工业进而实现收益更大化发展起来的。城乡二元结构是世界上普遍存在的因素，其他国家并没有实现类似的农村工业、乡镇企业异军突起，可见这并非中国农村工业、乡镇企业生存发展乃至异军突起的充分条件。中国农村工业、乡镇企业的生存发展乃至异军突起，有其独特的实现机制。

一、农村社区集体统筹和积累是农村工业、乡镇企业获得"第一桶金"的独特条件

20世纪50年代起,农村工业、社队企业起步之际发展传统手工业和"五小工业",这与当时城市发展重工业相比资金需求量要小,但仍需要一定的资金积累。中国在推进工业化进程中,国家把投资用于城市工业和工矿区,而农村发展工业则得不到国家相应的投入支持。那么,农村工业、乡镇企业发展的"第一桶金"来自哪里?这缘于中国构建起独特的农村社区集体统筹和积累机制。

自发展农村社区集体经济起,国家就明确了农村社区集体统筹和积累政策。农村社区集体统筹和积累机制,起于高级农业生产合作社,成于人民公社,而且是国家明确的制度性安排。1956年6月30日,一届全国人大第三次会议通过的《高级农业生产合作社示范章程》规定,农业生产合作社应从每年收入当中,留出一定数量的公积金和公益金。1962年9月,中共八届十中全会通过的《农村人民公社工作条例(修正草案)》第十二条规定,公社管理委员会根据需要和可能有步骤地举办社办企业。社办企业,除了用国家贷款举办外,可以由公社单独投资举办,可以由公社、大队共同投资举办,也可以由几个公社联合投资

举办。改革开放初期，发展社队企业的资金仍然坚持由农村社区集体经济组织统筹和积累的做法。1979年7月3日，国务院发布的《关于发展社队企业若干问题的规定（试行草案）》明确社队企业可从4个方面获得资金，其中规定，在开办的时候，或在有条件的地方，经过公社、大队社员代表大会通过，可从生产大队、生产队公积金中提取适当数量的入股资金；国家支援农村人民公社的投资，拨给社队企业管理部门用于扶持穷社穷队办企业的，一般不得少于一半。

农村工业、乡镇企业在实现一定发展后，乡镇企业发展所需资金，可以自我积累，不仅如此，还随着国家财政收入的增加可以获得财政支持资金的扶助社队企业基金，尽管如此，仍坚持社区集体统筹和积累。1984年3月，中共中央、国务院批转农牧渔业部和部党组的《关于开创社队企业新局面的报告》提出，逐步建立扶助社队企业基金，其来源之一是从社队企业税后利润中提取1%。1997年1月1日起施行的《中华人民共和国乡镇企业法》第二十一条规定，县级以上人民政府依照国家有关规定，可以设立乡镇企业发展基金，并把农村集体经济组织、乡镇企业、农民等自愿提供的资金作为基金资金组成之一。这就使长期以来农村集体经济组织对乡镇企业发展的支持成为法律规定。1997年3月11日，中共中央、国务院转发农业部《关于我国乡镇企业情况和今后改革与发展意见的报告》提出，鼓励支持乡镇企业按规定多形式、多渠道筹集发展资金，鼓励农民以集资入股、合资、合作、合伙等形式直接融资，兴办企业；按照《中华人民共和国乡镇企业法》和国务院有关规定，鼓励和支持各级人民政府建立乡镇企业发展基金。

农村社区集体统筹和积累是农村内部的农业养育工业形式，是农村工业、乡镇企业起步和发展壮大不可或缺的独特条件。乡镇企业在产权制度改革后，有的成为私人企业而与农村社区集体脱钩。但不能否认的是，乡镇企业作为一个群体，而不是某一具体企业的个体，在兴办之初乃至发展过程中，依靠农村社区集体统筹和积累机制获得"第一桶金"[1]，以解决其发展过程中特别是兴办初期生产经营中资金短缺问题。家庭承包经营制度建立后的一个时期，缺乏实质性推进农村双层经营中集体层次经营的措施，加之在产权制度改革过程中乡镇企业产权与社区集体经济组织脱钩，农村集体经济实力减弱，其社区集体统筹和积累能力随之弱化，不少地区农村社区集体孕育乡镇企业的功能也随之弱化。中共十八大以来，中共中央高度重视农村集体经济发展，特别是在贫困地区对集体经济发展

---

[1] 参见郑有贵：《苏南模式向现代企业制度转换——以常熟市及其4个企业为例》，《教学与研究》，2002年第12期。

给予大力财政支持,各地基于实际对完善农村社区集体统筹和积累机制进行了新的探索。

二、中国农民在城乡二元结构下形成和发扬"四千四万精神"是农村工业、乡镇企业发展的强劲动力

从20世纪50年代起,发展社队企业就成为国家农村现代化发展战略之举。然而,在改革开放前,国家为保障以重工业为主的工业化快速推进,选择了计划经济体制,并把工业布局在城市和工矿区,农村工业、社队企业的发展仅限于"五小工业"范畴,其原料来源和产品销售都没有纳入国家计划。即便是农民生产的农产品,也基本由国家统派购,农产品加工业主要由城市国营企业发展。改革开放初期,实施搞活政策,逐步放开农产品流通,工业生产的原材料和产品销售仍然实行计划管理。所不同的是,随着有计划的商品经济的发展,城乡横向经济联合日益展开,社队企业在服务城市国营大工业过程中,有了更多为城市国营企业生产配套产品的机会。

众所周知,从事工业、农业收益差距明显,这导致农村生产要素流向城市,进而导致城乡二元结构。新中国自成立起,就注意解决工农差别、城乡差别,但由于从事工

业的收益仍然明显高于农业，工农差别、城乡差别仍然明显。改革开放初期，在全国广为流传源于江苏省黄海农场总结的"无农不稳，无工不富，无商不活"，以及苏南地区基层干部和农民说的"农业一碗饭，副业一桌菜，工商富起来"，都生动地反映了从事工业收益显著高于农业收益的普遍现象，也道出了农民寻找发展工业机会的强烈意愿。

在计划经济体制下的社队企业，只能靠农民自己跑遍千山万水、走进千家万户、说上千言万语、吃尽千辛万苦，才能获得所需要的原料、能源、信息、技术，把产品推销出去。在城乡二元结构下，吃苦耐劳的中国农民，为了抓住短缺经济下发展工业的机会，发扬这种"四千四万精神"，是农村草根工业、草根企业发展的强劲动力。其中，乡镇企业的供销人员，更是在发展中发挥了重要作用。为此，1990年11月农业部召开全国乡镇企业供销工作会议，对发展乡镇企业有功的优秀供销员进行了表彰。

三、低成本经营发展是农村工业、乡镇企业的优势

农村工业、乡镇企业与城市工业、城市国有企业相比，规模小、技术力量弱、技术人才缺乏，且处于产业链

低端，在这种情况下能够生存发展乃至异军突起，一个重要因素就是发挥生产要素成本低、企业运行成本低、就地取材和农工商综合经营、"五小工业"对资金需要量小等优势，成功走上了低成本经营发展之路。

第一，生产要素成本低。在生产要素成本上，乡镇企业有两方面优势。一是农村劳动力成本低。改革开放前，中国发展工业以重工业为主，由于资金密集吸收劳动力较少，加之为保障高积累和避免低消费群体的农村人口大量涌入城市抬高工业化成本，又通过人民公社、消费品的计划供给、户籍管理使人口留在农村。这种工业化政策的长期实施，以及人口快速增加，农村有大量剩余劳动力。改革开放初期社队企业散落乡村，农民就地成为社队企业职工，而且还能兼职，白天在企业上班，下班后能做承包地上的农活，务工务农两不误，这在当时被形象地称为"两栖农民"。在这种情况下，乡镇企业职工工资成本远低于城市国营工业企业。换言之，乡镇企业的快速发展，明显受益于农村劳动力多及价格低廉的红利。二是乡镇企业用地成本低。特别是乡镇集体办企业几乎不支付用地费用。这与满足农民就近就业一道，形成了乡镇企业分散发展的格局。随着企业向小城镇和工业园区集中，以及非集体企业的发展，企业用地成本逐步增加。尽管如此，在企业的土地使用费上，农村仍低于城市。

第二，企业运行成本低。乡镇企业与城市国有企业相比，有两方面的低成本运行优势。一是企业规模小，管理机构简单，组织机构运行成本低。二是乡镇企业不负责职工住房，也不办社会。乡镇企业也用一部分盈余支持农业农村建设，但不是固定不变的，而是根据盈余情况，量力而行。这与城市国有企业承担着较重办社会负担相比，有明显的优势。

第三，就地取材和农工商综合经营。乡镇企业有的发展小煤窑、砖瓦厂等；有的发展农产品加工业，这些都是就近取材和就地加工。这不仅节约运输等成本，还促进了农工商综合经营和农业产业一体化经营，是农村工业、乡镇企业发展的内在因素。改革开放后，随着搞活政策的实施，就地取材及向产加销、贸工农一体化经营发展成为其优势。

第四，"五小工业"对资金需要量小。农村工业、乡镇企业起步之际，主要是为农业生产服务、为人民生活服务、为大工业服务、为出口服务，是国营大工业的配角，是对城市国营大工业的补缺。改革开放初期的"三来一补"也补了轻工业这一短板。进一步从产业结构上分析，乡镇企业主要从事轻工业生产，与城市国有工业以重工业为主相比，资金需要量较小，这也成就了乡镇企业的起步，能够实现滚雪球式发展。

四、建立和完善市场经济体制是农村工业、乡镇企业由在夹缝和歧视中生存向平等发展的制度保障

乡镇企业发展壮大是在计划经济向市场经济转变进程中实现的。从表现看，改革开放前，社队企业规模小，没有发展壮大；改革开放起，随着市场取向改革深化推进，异军突起，发展壮大，似乎两个时期是对立的。对于乡镇企业而言，改革开放前后两个时期之间是什么样的关系？如果两个时期的关系不梳理清楚，就难以透视乡镇企业发展乃至异军突起的制度因素。从制度上分析，农村工业、乡镇企业能够生存发展乃至异军突起，有两个原因。

一是乡镇企业在国家计划外兴起而练就了适应市场经济的经营机制。在计划经济体制时期，其前身社队企业管理不像城市国营企业那样有相应的管理部门。在计划经济体制下，政府部门中缺少社队企业管理部门，使社队企业受"卡压"。浙江省永康县人民银行干部周长庚等于1975年9月5日写信给毛泽东、中共中央，反映由于中央对公社、大队一般地不办企业的规定没有修改；中央没有明确社队企业主管部门，社队企业受有关部门"卡压"。9月27日，毛泽东对此信及随信附上的《华国锋同志给湖南

省委的一封信》的抄件、《河南日报》登载的巩县回郭镇公社围绕农业办工业和办好工业促农业的调查报告作出批示。在这种情况下，1976年2月1日，国务院批准农林部增设人民公社企业管理局，这也就明确了管理社队企业的部门。如前所述，设置这个机构的出发点，不是为了把社队企业管住，而是给社队企业在政府立户，防止"卡压"社队企业现象发生，为社队企业撑腰和争取生存发展条件。农村工业、社队企业在国家计划外拾遗补阙，这种发展机会也不是唾手可得，需要具备一定技术和经营能力的人才才能获得。乡镇企业为了能够寻找和抓住发展机会，从实际出发，在经营决策、用人、分配上形成了不同于城市国有企业的做法。在决策上，乡镇企业实行自主决策，与国有企业的全国统一计划管理不同。在用人上，乡镇企业职工没有国有企业职工的"铁饭碗"，实行能进能出；干部没有国有企业的"铁交椅"，能上能下，能者上，不能者下。在企业盈亏上，不同于国有企业的统收统支，而是实行自负盈亏和自我积累，分配与绩效挂钩。对乡镇企业的灵活机制优势，中央予以总结推广。1984年中共中央、国务院批转农牧渔业部和部党组《关于开创社队企业新局面的报告》的通知中分析指出：乡镇企业与国营大中型企业相比，多数设备比较简陋，技术比较落后，信息比较迟缓，容易产生盲目性。但是，乡镇企业由于独立核算、自负盈亏,不吃"大锅饭"不捧"铁饭碗",因而竞争性强;它投资少、费用低,自主权比较多,容易应用科研成果;"船小好掉头",容易适应市场需要,很快转产。因此,尽管乡镇企业劳动生产率比较低,但是,某些产品,国营企业生产亏损,乡镇企业生产却能盈利。近年来,乡镇企业发展速度超过整个国民经济发展的平均速度,显示出特有的生命力。1997年3月中共中央、国务院转发农业部的《关于我国乡镇企业情况和今后改革与发展意见的报告》,进一步强调坚持乡镇企业灵活机制的优势,指出乡镇企业坚持以市场为导向组织生产经营活动,生产要素从市场中来,产品到市场中去,形成一套独具特色的灵活机制,包括:自主快速的决策机制,能进能出的用工机制,能上能下的干部机制,酬效挂钩的分配机制,奖惩分明的激励机制,自负盈亏的约束机制,自我积累的发展机制等。坚持企业不吃"大锅饭",职工不捧"铁饭碗",干部不坐"铁交椅"。这些都为我国建立社会主义市场经济体制进行了有益的探索,提供了宝贵经验。

二是搞活政策特别是市场取向改革的推进拓展了乡镇企业发展空间。随着市场取向改革的深化,乡镇企业不仅在改革农产品统派购制度后可以获得农产品原料,有些非农生产资料也可以通过市场获得,加之城市国有企业与乡镇企业联合而相应纳入计划生产,以及城市国有企业技术人员利用星期天休息时间到乡镇企业进行技术指导帮助，既拓展了其发展空间，也增强了其发展能力。在改革开放初期供给短缺情况下，在国家计划外生存发展过程中练就了适应市场经济的乡镇企业，发挥其机制灵活优势，抓住了市场取向改革给其发展空间拓展的机遇。随着市场经济体制的建立完善，乡镇企业逐步有了平等参加竞争的机会。这是农村工业、乡镇企业生存发展乃至异军突起的重要因素，也表明两个时期是不能分割的。

五、农工商综合经营、一二三产业融合发展中促进发展成果共享是农村工业、乡镇企业增强聚集力的必然要求

自20世纪50年代初国家鼓励发展农村手工业合作社、农业生产合作社的工业项目起，到人民公社的社队企业，再到改革开放进程中的乡镇企业，都发展涉农产业，包括发展服务农业的农机具修配业、农产品加工业。

乡镇企业在改革开放前有不少是通过服务农业发展起来的。社队企业的兴办，一开始就是围绕服务农业展开的，主要是发展农用工业和农产品初加工。在农用工业中，农机具修配业发展较快。这是因为改革开放前中国以到1980年基本实现农业机械化为目标。1966年全国第一

次农业机械化会议，根据1955年毛泽东在《关于农业合作化问题》中提出的经过20—25年在全国范围内基本上完成农业方面技术革命的构想，部署到1980年基本实现农业机械化。1971年和1978年召开的全国第二次、第三次农业机械化会议，就进一步推动到1980年基本实现农业机械化工作进行部署。据此，公社较普遍办起了农机具修配厂（站）。在计划经济体制下，农村农副产品加工业发展较缓慢，主要是因为国家把农产品加工业布局在城市，由城市国营企业生产经营，国家对农产品实行统派购制度又使农村发展农产品加工业受到原料不足约束，因而一般仅发展很有限的以满足当地农民生活需求的粮油等初加工，且规模很小。到1978年，全国社办食品工业企业1.8万个，从业人员30.5万人，产值11.3亿元，在当年整个社办企业中的占比分别仅为9.3%、4%、5%；社办食品工业总产值在全国食品工业总产值中的占比仅2.4%[①]。

改革开放起，乡镇企业中的农业企业由1978年的49.5万个，减少为1991年的23.1万个，再下降至2001年的最低水平12.7万个，2002年又快速增加为32.2万个；农业企业就业人员也呈减少趋势，由1978年的608.4万人下降至2002年的205.4万人。尽管如此，农业企业增加值呈逐步

[①] 马杰三主编：《当代中国的乡镇企业》，当代中国出版社1991年版，第65页。

增加趋势,由1978年的15.4亿元,增加到2002年的341.8亿元。这显示出农业企业生产经营规模呈扩大趋势。

改革开放初期,中国开始实行在农村发展农工商综合经营政策,这是对此前农村主要发展农业的结构性政策的改变。1979年9月29日,叶剑英在庆祝中华人民共和国成立三十周年大会上代表中共中央、全国人大常委会、国务院发表的讲话指出:"实现四个现代化,将使我国农业逐步变为农林牧副渔布局合理、全面发展、能够满足人民生活和工业发展需要的发达的农业,使我国农村逐步变为农工商综合经营的富庶的农村。"[①]这一讲话是经中共十一届四中全会讨论通过的,其中第一次明确在全国农村实行农工商综合经营,也就进一步明确了农村由较单一经营农业向非农产业拓展的政策取向。尽管如此,由于改革开放初期仍然实行计划经济体制,产业结构调整还主要是由单一经营农业向二三产业拓展,对将计划经济体制下产加销、贸工农产业链分割向联结转变的需求尚不强烈。

产加销、贸工农产业链联结的需求,是随着改革发展而日益增强的。家庭承包经营等政策的实行,促进农产品产量快速增长,农产品供给严重短缺问题随之缓释,甚至发生局部卖粮难现象。1985年国家取消农产品统派购制度

[①] 叶剑英:《在庆祝中华人民共和国成立三十周年大会上的讲话》,《人民日报》,1979年9月30日第1版。

后，农产品生产和销售基本由市场调节，但分散小规模经营的农户还不适应千变万化的大市场，农户生产的产品卖不出合理价格，甚至卖不出去，而农产品加工贸易企业又难以采购到所需原料。从解决这一矛盾以节约交易成本出发，基层在实践中探索出将产加销、贸工农产业链联结起来实行一体化的产业化经营。

无论是乡镇企业发展农产品加工业，还是促进产业链联结起来的农业产业化经营，国家都强调保障农民的利益和共同分享发展成果。在改革开放前，社队企业都由集体兴办，因而其发展能够促进集体经济发展与农民增收的统一。改革开放初期起，在改革经济体制情况下，强调促进农民分享社队企业发展成果。1981年5月4日，国务院发布的《关于社队企业贯彻国民经济调整方针的若干规定》指出，社队企业要特别注意同生产队结合，使社员分享经济成果，以加强社队企业的群众基础。1986年中央一号文件《中共中央 国务院关于一九八六年农村工作的部署》指出，以农产品为原料的加工厂，要从多方面为原料产地提供服务，帮助农民按工厂要求提供产品，逐步做到以加工指导生产、带动生产；农民和工厂签订合同，双方互惠，利益共享。

进入20世纪90年代，面对农业产业化经营过程中农户与企业相比在谈判能力上明显处于弱势，难以充分分享发展成果的问题，国家提出了在一体化经营中要促进利益共同体的形成。1997年3月11日，中共中央、国务院转发农业部的《关于我国乡镇企业情况和今后改革与发展意见的报告》提出：要不断完善以工补农建农带农政策，积极兴办以农副产品加工、流通为龙头的企业，实行种养加、贸工农一体化，促进农业的产业化、集约化经营，使农民和企业结成利益共同体，使农产品增值增效，使农民增加收入。同时规定，坚持按劳分配为主多种分配形式并存，经营者和职工收入分配的差距不宜过分悬殊。在实践中，农户为了增强在农业产业化经营中分享发展成果的能力，农村专业技术协会、农民专业合作社等经济组织逐步发展起来，特别是《中华人民共和国农民专业合作社法》的施行，促进农民专业合作社数量快速增加。农民专业合作社在农业产业化经营中兴起发展，逐步形成"公司+合作社+农户"、合作社等模式，促进产业链共享发展成果机制的完善。

中共十八大以来，中国明确了促进农村一二三产业融合发展和建立健全农民分享产业链增值收益的政策取向和实现路径。2013年中央一号文件提出，推动龙头企业与农户建立紧密型利益联结机制，采取保底收购、股份分红、利润返还等方式，让农户更多分享加工销售收益。2014年中央一号文件提出，鼓励发展混合所有制农业产业化龙头企业，推动集群发展，密切与农户、农民合作社的利益联结关系。2015年中央一号文件提出，引导农民以土地经营权入股合作社和龙头企业。2016年中央一号文件提出，要完善农业产业链与农民的利益联结机制。促进农业产加销紧密衔接、农村一二三产业深度融合，推进农业产业链整合和价值链提升，让农民共享产业融合发展的增值收益，培育农民增收新模式。鼓励发展股份合作，引导农户自愿以土地经营权等入股龙头企业和农民合作社，采取"保底收益+按股分红"等方式，让农户分享加工销售环节收益，建立健全风险防范机制。2018年中央一号文件提出，构建农村一二三产业融合发展体系。大力开发农业多种功能，延长产业链、提升价值链、完善利益链，通过保底分红、股份合作、利润返还等多种形式，让农民合理分享全产业链增值收益。2019年中央一号文件提出，健全农村一二三产业融合发展利益联结机制，让农民更多分享产业增值收益。2020年中央一号文件提出，支持各地立足资源优势打造各具特色的农业全产业链，建立健全农民分享产业链增值收益机制，形成有竞争力的产业集群，推动农村一二三产业融合发展。重点培育家庭农场、农民合作社等新型农业经营主体，培育农业产业化联合体，通过订单农业、入股分红、托管服务等方式，将小农户融入农业产业链。2020年4月13日，农业农村部办公厅印发《社会资本投资农业农村指引》，就建立紧密合作的利益共赢机制作出更具体的安排。这些政策措施的实施，引导农民以土地承包经营权等入股合作社和龙头企业，将小农户生产经营与二三产业贯通联结，促进产业链利益联结机制进一步完善。强调农民入股参与到一二三产业融合发展中，这不同于20世纪90年代乡镇企业在产权改革后几乎与社区集体脱钩，而使社区集体成员失去分享企业发展成果机会的做法。从夯实共享发展所有制基础入手，探讨一二三产业融合发展的产业链、价值链联结形式，构建产业链和价值链主体一体化模式[1]，进而构建起小规模经营农户能够共享发展的组织化实现形式，以促进共同富裕，这是促进一二三产业融合发展的聚集力。

综上所述，中国农村工业、乡镇企业在夹缝和歧视中生存发展乃至异军突起，成功走出城乡"两条腿"工业化之路[2]，除了获得工业与农业、城市与农村差距大的结构效应、农民发扬"四千四万精神"、农村剩余劳动力多及价格低廉的红利、社会主义市场经济具有的优势外，是因为中国有独具特色的农村社区集体统筹和积累机制。乡镇

---

[1] 参见郑有贵：《农村同步迈向全面小康社会方案和经验》，《宁夏社会科学》，2020年第5期。

[2] 参见郑有贵：《城乡"两条腿"工业化中的农村工业和乡镇企业发展——中国共产党基于国家现代化在农村发展工业的构想及实践》，《中南财经政法大学学报》，2021年第4期。

企业在全国范围内的普遍兴起，缘于农村社区集体统筹和积累机制。离开这一机制，在国家工业投资主要配置在城市的情况下，乡镇企业很难获得发展工业需要的"第一桶金"，这是其他国家不具有的农村工业乃至整个乡镇企业异军突起的条件。换言之，农村工业、乡镇企业异军突起发生于改革开放初期，但如果将农村工业、乡镇企业的异军突起仅仅归于改革开放政策的实施，是对改革开放前农村社区集体统筹和积累机制下孕育的农村工业、社队企业视而不见。不仅如此，还应认识到，完善农村社区集体统筹和积累机制，形成共享发展机制，是农村工业、乡镇企业生存发展乃至异军突起给现今促进农村一二三产业融合发展贡献的历史智慧和启示。

第八章 乡镇企业的发展变化和历史性贡献

乡镇企业的发展，经历了一系列变化，不仅表现在企业的数量和规模，还有与之一系列内在关系的质的变化，包括实现了由拾遗补阙的"五小工业"向全面发展的产业拓展、由分散在乡村向城镇和产业园区集中的区域布局改善、由发挥"船小好掉头"优势到为增强竞争力组建乡镇企业集团的规模化发展。孕育于农村社区的乡镇企业的发展，不仅为促进农村集体经济发展、农村城镇化发展、农民向非农产业拓展，进而破解"三农"问题作出了巨大贡献，也为解决长期偏重在城市和工矿区发展重工业而轻工业和农村工业发展不足的结构性问题，乃至为中国跃升为全球制造业第一大国、世界第二大经济体作出了重大贡献，因而有着不可磨灭的历史地位。

一、乡镇企业产业由高度集中计划经济体制下拾遗补阙的"五小工业"向全面发展拓展

影响社队企业及之后的乡镇企业发展的因素，最关键的是如何处理城市工业与农村工业的关系。自社队企业起步起，在可发展的产业上就与城市国营企业有显著差别。国家把重大工业工程建设项目安排在城市和工矿区实施，农村工业被定位为服务农业，发展城市国营企业产业之外的传统手工业和"五小工业"，这一城乡工业格局延续至中共十一届三中全会前。在长期实行高度集中的计划经济体制下，农村工业受所需原材料供给和产品销售没有纳入国家计划体系的限制，步履维艰，被形象地称为"草根工业"。所幸的是，在改革开放前，社队企业依靠农村社区集体经济组织统筹和积累机制，抓住了发展"五小工业"易于起步而城市工业又不愿意触及的机会，"草根工业"呈"野火烧不尽"之势。总体而言，改革开放前农村工业的发展很不充分。到1978年，乡镇工业在全国工业总产值中的占比仅8.7%[①]。农村工业无论是产业门类，还是设施、人才、技术水平，都与城市工业有较大差距。

[①] 马杰三主编：《当代中国的乡镇企业》，当代中国出版社1991年版，第574页。

中国共产党激发农民发展农村工业的积极性，农村工业在改革开放进程中逐步突破"五小工业"的产业范畴[1]，向全面发展拓展，其实现路径，一方面以"三来一补"方式承接国际产业转移，另一方面是城市工业向农村扩散。改革开放初期，工业由城市向农村扩散，主要通过促进城乡经济联合、走农工商综合经营道路两个路径实现。

（一）在促进城乡经济联合中实现工业由城市向农村扩散

城乡经济分割是就总体而言的。实际上，在改革开放前，城乡经济有一些协作。早在20世纪60年代，一些大中城市郊区的社队企业与城市工业企业就开展了多种形式的协作。

改革开放初期，社队工业企业与城市工业企业的协作被提升到国家政策层面。中共十一届三中全会原则通过

---

[1] 改革开放初期，发展农村工业上虽不限于"五小工业"，而是从为社队企业争取有一席之位而能够更有力促进发展出发，明确了社队企业的"四个服务"。中共十一届三中全会原则通过的《农村人民公社工作条例（试行草案）》指出，发展社队企业，"主要为农业生产服务，为人民生活服务，也要为大工业、为出口服务"。这"四个服务"与改革开放前将社队企业限于"五小工业"相比没有实质性突破。实际上，改革开放初期，对城市工业与农村工业的政策界限是很清楚的。1979年7月3日，国务院发布的《关于发展社队企业若干问题的规定(试行草案)》不仅强调了这"四个服务"，还明确了社队企业"不与先进的大工业企业争原料和动力"。

的《农村人民公社工作条例（试行草案）》在社队企业专章部分明确规定，城市工矿企业要把适合社队企业生产的一部分产品或零部件，有计划地扩散给社队企业经营，支援设备，指导技术[①]。中共十一届四中全会通过的《中共中央关于加快农业发展若干问题的决定》进一步强调，城市工厂要把一部分宜于在农村加工的产品或零部件，有计划地扩散给社队企业经营，支援设备，指导技术[②]。

随着改革的推进和经济的发展，农村社队企业承接城市国营工业业务越来越多，相互间的联合广泛开展起来。1980年7月1日，国务院常务会议通过《关于推动经济联合的暂行规定》，要求各地区、各部门结合实际试行。基于实践中城市工业与农村工业的协作，国家对城市工业生产向农村扩散采取了更加积极的政策。1984年3月，中共中央、国务院转发的农牧渔业部和部党组《关于开创社队企业新局面的报告》显示，当时社队机械工业拥有42万台切削机床、12万台锻压设备，其中大部分十分陈旧，但仍具有相当规模的生产能力。机械工业是长线，近年来不少社队机械工业已转向生产小型农用机具、农机配件、社队企业的小型设备、日用五金，或为大工业生产零部件

[①] 《当代中国农业合作化》编辑室：《建国以来农业合作化史料汇编》，中共党史出版社1992年版，第905页。

[②] 中共中央文献研究室、国务院发展研究中心编：《新时期农业和农村工作重要文献选编》，中央文献出版社1992年版，第39页。

和辅助设备。今后可继续按此方向调整,发挥服务农业和为大工业协作配套的作用。该报告分析指出,社队发展工业同国营工业有些矛盾,但从全局看,"有挤有补,补大于挤",可以使双方在竞争中更快地前进,逐步形成全国大中小工业、高中低技术相结合,城乡各自发挥优势,协调发展的合理布局,收到良好的宏观经济效益。鉴于此,该报告提出,提倡社队工业与国营工业配套,如生产零部件和附属设备,进行产品的初步加工;提倡国营工业在产品更新换代中,将某些产品扩散给社队工业;提倡国营商业、外贸部门直接向社队企业加工订货。以上述形式生产的产品,应通过合同间接纳入国家计划。该报告还提出,在调整中,要提倡自愿互利的联合经营。某些产品(如平板玻璃)的生产,不形成相当规模就很不经济,煤矿不形成相当规模就难保安全,都必须提倡联营。不仅社队与社队联营,而且社队与国营企业、供销社、社员联营企业、家庭小工业之间也可联营;只要经济合理、自愿互利,都可以联营,不受行业和行政区划限制①。1986年3月,国务院发出的《关于进一步推动横向经济联合若干问题的规定》进一步明确,要积极发展原材料生产与加工企业之间的联合,生产企业与科研单位(包括大专院校)之间的联合,民用与军工企业之间的联合,工、农、商、贸企业之

---

① 《国务院公报》,1984年第5号。

间的联合，以及铁路、公路、水运、民航企业之间的联营。各地在贯彻这一规定过程中，将促进横向经济联合作为进一步促进乡镇企业发展的一项重要工作，推动横向经济联合更广泛地开展起来。

中央还以推广典型经验的方式，示范引导城市工业企业生产项目向农村扩散。当时在全国推广了"白兰道路"①的经验。由生产磨床转产的北京洗衣机总厂，生产白兰牌洗衣机，工人不多，只有800余人。1980年起，该厂逐步将98%的零部件交给36个社队加工厂点加工。该厂在与社队企业协作过程中实现快速发展，洗衣机产量由1979年的0.7万台，大幅增加到1983年的23万台，生产成本降低44%，洗衣机型号也由1种增加为4种，其中的白兰牌Ⅲ型洗衣机入选轻工业部和北京市优质产品，在全国20个省、自治区、直辖市行销。同时，这一协作还带动1000多个农村剩余劳动力实现就业。1984年9月，国务院负责农业农村工作的副总理万里在与北京市主要领导人谈话时，对"白兰道路"给予肯定。12月14日，万里在全国农村工作会议上讲话的第四部分"建立新型的社会主义城乡关系"中，向全国推介"白兰道路"经验。他指出，"白兰道路"有全国性的普遍意义。不论从事农村工作或城市

---

① "白兰道路"是北京洗衣机总厂通过把白兰牌洗衣机的零部件扩散给乡镇企业加工，走城乡结合和工农协作道路，使各自都得到发展经验的简称。

工作的同志，都要总揽城乡经济全局，努力消除城乡间的各种壁垒，促进城乡经济联合，逐步建立新型的城乡之间有分工、多层次的产业结构[①]。"白兰道路"经验在全国的推广，促进了工业由城市向农村扩散的横向经济联合。

城市国营工业与农村工业联合发展有3个特点。一是经济联合形式多样化，联合层次也由低到高发展。许多地区由单纯承接城市工业产品生产的扩散，扩展为组建企业群体、企业集团、科研生产联合体、"贸工农"一条龙等方式联合。二是经济联合内容广泛化，从生产项目到相应的资金、技术、信息、管理、流通等诸环节。三是经济联合范围、渠道扩大。由先期在本地区城乡、工农联合，发展为跨省、跨部门、跨所有制联合。随着城市国营工业与农村工业联合的广泛开展，乡镇企业更多地承接城市工业向农村转移，实现与城市国有工业在产业链上的对接，而且能够更广泛地引进极为短缺的人才、技术、资金，使乡镇企业发展能力提升。据不完全统计，到1986年底，全国有1.23万个乡镇企业与城市国营企业联营。

[①] 中共中央文献研究室、国务院发展研究中心编：《新时期农业和农村工作重要文献选编》，中央文献出版社1992年版，第319—320页。

（二）在走农工商综合经营道路中促进社队企业农产品加工业的发展

改革开放初期，在走农工商综合经营发展道路过程中，逐步改变农产品加工业主要由城市企业承担的政策，农产品加工业由城市向农村转移。

一是倡导农村发展农产品加工业。中共十一届三中全会原则通过的《农村人民公社工作条例（试行草案）》在社队企业专章部分规定，坚持自力更生，充分利用本地资源，因地制宜地举办种植业、养殖业、农副产品加工业、采矿业、建筑业、农机工业、运输业和其他工业。在国家统一安排下，凡是符合经济合理的原则，宜于在农村就地加工的农副产品，应当逐步由社队企业加工。牧区和林区社队，有条件的要积极发展畜产品和林产品加工[1]。1979年7月，国务院发出的《关于发展社队企业若干问题的规定（试行草案）》提出，努力发展农副产品加工业。本着经济合理的原则，宜于由社队企业加工的农林牧渔业产品及土特产，均可由社队企业加工。国家已经设厂加工的，是否转归社队企业来办，由省、自治区、直辖市革委会会同有关部门，权衡利弊确定。中共十一届四中全会通过

---

[1] 《当代中国农业合作化》编辑室：《建国以来农业合作化史料汇编》，中共党史出版社1992年版，第905页。

的《中共中央关于加快农业发展若干问题的决定》进一步强调指出：凡是符合经济合理的原则，宜于农村加工的农副产品，要逐步由社队企业加工。①

二是将发展农产品加工业作为走农工商综合经营发展道路的重要组成部分。中共十一届四中全会通过叶剑英于1979年9月29日在庆祝中华人民共和国成立三十周年大会上代表中共中央、全国人大常委会和国务院的讲话稿。叶剑英在讲话中指出，"实现四个现代化，将使我国农业逐步变为农林牧副渔布局合理、全面发展、能够满足人民生活和工业发展需要的发达的农业，使我国农村逐步变为农工商综合经营的富庶的农村"②。这就明确了农村发展农产品加工业是走农工商综合经营道路的取向。

三是明确农产品就地加工，大中城市一般不再扩大农产品加工能力。1984年2月25日，国务院就促进农副产品就地加工发出专门文件，即《关于组织和发展农副产品就地加工若干问题的规定》。规定指出，发展农副产品就地加工，有利于安排农村剩余劳力和农副产品的综合利用；有利于发展商品生产，活跃城乡市场，增加农民收入；有利于实现农业现代化和建设具有中国特色的社会主义新农

---

① 中共中央文献研究室、国务院发展研究中心编：《新时期农业和农村工作重要文献选编》，中央文献出版社1992年版，第39页。
② 叶剑英：《在庆祝中华人民共和国成立三十周年大会上的讲话》，《人民日报》，1979年9月30日第1版。

村。发展农副产品加工生产,应当按照经济合理的原则,根据当地的资源、劳力和技术条件,因地制宜进行安排。凡是适合在农村就地加工的农副产品,应当尽量分散到农村加工,充分发挥农村专业户(重点户)和闲散劳力的作用。今后新增加的农副产品加工能力,适合放在农村的,应当尽量放在农村[①]。文件还明确了农副产品就地加工的支持政策。3月1日,中共中央、国务院批转农牧渔业部和部党组的《关于开创社队企业新局面的报告》中提出,随着农村经济的发展、农副产品的增多,今后凡适宜在农村就地加工的农副产品,应按1981年国务院关于"凡国营企业加工能力有剩余的,社队不再办同类企业和扩大加工能力;凡以农副产品为原料、宜于农村加工的,应按经济合理原则,着重扶助集体所有制的加工业"的精神,逐步让社队企业就地承担更多的农副产品加工业务。大中城市原有的加工工业所需原料(包括因技术进步增加的加工能力所需的原料),应继续保证供应。此外,一般不在大中城市再扩大加工能力[②]。这些政策的实施,为农村发展农产品加工业提供了空间。

四是制定和实施有利于促进社队企业发展农产品加工

---

① 中共中央文献研究室、国务院发展研究中心编:《新时期农业和农村工作重要文献选编》,中央文献出版社1992年版,第252—253页。

② 《国务院公报》,1984年第5号。

业的流通政策。1981年5月4日，国务院发出的《关于社队企业贯彻国民经济调整方针的若干规定》指出：凡不与现有大厂争原料，产品有销路、经营有盈利的企业，均不应强制关停。对实行统购和派购的农副产品，国家对各省、自治区、直辖市要规定调拨基数，对社队要逐步推行收购合同制。完成任务以后的多余部分，有的可以自行加工和销售[①]。1982年中央一号文件中共中央批转的《全国农村工作会议纪要》指出，要在保证完成计划上调任务的前提下，积极开展农副产品的就地加工、产品精选和综合利用。这既可以提高产品的利用率和经济价值，又可以减少产品推销、贮存和运输的困难。除农村社队要继续发展农副产品加工业外，商业部门对于收购的农副产品，也可以自己加工，或与社队联合加工和委托社员进行家庭加工，走收购—加工—销售的路子。农村的加工业，要根据经济效益原则，由主管部门协同地方作出规划，有步骤地发展，避免盲目性[②]。

随着商品经济及横向经济联合的发展，工业由城市向农村的扩散加速，乡镇企业农产品加工业快速发展起来，乡镇企业的种植业、养殖业、工业、建筑业、交通运输

[①] 《国务院公报》，1981年第9号。
[②] 中共中央文献研究室、国务院发展研究中心编：《新时期农业和农村工作重要文献选编》，中央文献出版社1992年版，第123页。

业、商业和服务业等全面发展。有的地区将其简要概括为农、工、商、运、建、服六业一起上。1987年同1983年相比，全国乡镇工业产值增长3.3倍。同期，在乡镇企业各业中，此前发展相对缓慢的交通运输业、商业饮食服务业也迅速发展，其产值增长速度超过工业，其中交通运输业产值增长10倍，商业饮食业产值增长7.9倍，在乡镇企业总产值中的占比提高，前者由3.2%提高为7.5%，后者由4.6%提高为8.8%。

二、乡镇企业地域布局由分散在乡村转向城镇和产业园集中的改善

无论是自20世纪50年代兴办的社队企业，还是到1984年更名后的乡镇企业，农村工业一般分散在乡村。1956年4月3日，中共中央、国务院发出的《关于勤俭办社的联合指示》指出，在产销统一平衡的原则下，应当允许农业生产合作社兼营手工业。除了城镇中的手工业者和乡村中比较集中的以从事手工业生产为主的手工业者，单独组织手工业生产合作社以外，应当允许农村中分散的和以农业为主兼营手工业的手工业者加入农业生产合作社[①]。9月12日，

---

① 《当代中国农业合作化》编辑室：《建国以来农业合作化史料汇编》，中共党史出版社1992年版，第347页。

中共中央、国务院发出的《关于加强农业生产合作社的生产领导和组织建设的指示》指出，农产品加工业不宜过分集中于城市，应该尽量由当地乡、镇加工或由农业合作社分散加工[①]。农村这种分散发展工业格局的形成，在于最初的高级农业生产合作社及之后的"三级所有，队为基础"的人民公社体制下，各级核算单位都可以办企业。在20世纪60年代初对国民经济进行调整时，为把力量集中用于恢复农业生产而解决粮食等农产品严重短缺问题，对社队企业发展进行限制，并明确农村社队企业下放到生产队经营。1962年9月中共八届十中全会通过的《农村人民公社工作条例（修正草案）》规定：公社管理委员会，在今后若干年内，一般地不办企业。已经举办的企业，不具备正常生产条件的，不受群众欢迎的，应该一律停办。需要保留的企业，应该经过社员代表大会讨论决定，分别情况，转给手工业合作社经营，下放给生产队经营，或者改为个体手工业和家庭副业；个别企业，经过社员代表大会同意，县人民委员会批准，可以由公社继续经营，或者下放给生产大队经营[②]。11月，中共中央、国务院再次发出通知，要求公社和生产大队一般地不办企业，不设专门

[①] 《当代中国农业合作化》编辑室：《建国以来农业合作化史料汇编》，中共党史出版社1992年版，第393页。

[②] 《当代中国农业合作化》编辑室：《建国以来农业合作化史料汇编》，中共党史出版社1992年版，第734页。

的副业生产队。原来公社、大队把生产队的副业集中起来办的企业，都应该下放给生产队经营。改革开放前，在这种体制和政策下，农村工业分散发展的方向和格局长期持续。

在农村分散发展工业，在改革开放初期得到社会学家费孝通教授的肯定。到1982年1月24日，他在春节团拜会上的讲话中指出："我们的出路是要使广大农民在原地变成工人，就是防止人口集中城市，把工厂送到农村里去。这条出路过去只能说是一种动人的设想，现在已经是这几年里我国农民自己闯出来的、行之有效的新路子了。"①

中共十一届三中全会后，随着农村家庭承包经营制度和促进商品经济发展等搞活政策的实行，农民有了就业和经营自主权，加之收入提高和政策允许，以及在农村办企业的成本极低，因而社队企业遍地开花，迅速发展起来，被形象地比喻为"村村点火""户户冒烟"。

农村工业散落乡村格局的问题逐步显现，如企业各搞一套供水、供电、交通、通信、排污、仓储等基础设施不经济，处于起步阶段及粗放经营污染环境，对生态造成破坏。

20世纪80年代初期，与此前有所不同，虽然没有明

---

① 马杰三主编：《当代中国的乡镇企业》，当代中国出版社1991年版，第545页。

确要求制定社队企业区域发展布局规划，但提出逐步适当集中，按照分散与集中结合进行布局。1981年5月4日，国务院发出的《关于社队企业贯彻国民经济调整方针的若干规定》指出，社队企业的发展要和小集镇的建设结合起来，统一规划，合理布点，适当集中。在发展工业生产的同时，发展各种文化福利事业和生活服务行业，逐步使小集镇繁荣起来。[①]1984年中央一号文件《中共中央关于一九八四年农村工作的通知》提出社队企业向集镇集中的发展思路。该通知指出，农村工业适当集中于集镇，可以节省能源、交通、仓库、给水、排污等方面的投资，并带动文化教育和其他服务事业的发展，使集镇逐步建设成为农村区域性的经济文化中心。建设集镇要做好规划，节约用地。[②]1983年12月农牧渔业部和部党组报送，经中共中央、国务院于1984年3月批准转发的《关于开创社队企业新局面的报告》，提出对乡镇企业有分别地实行集中与分散布局的思路。该报告提出，农村工业布局，要因地因业制宜。该分散的应适当分散，该集中的应适当集中于集镇，以节省能源、交通、仓库、给水、排污等方面的投资。某些生产项目，分散给家庭小工业经营，既适应我国

---

① 《国务院公报》，1981年第9号。
② 中共中央文献研究室：《十二大以来重要文献选编》（上），人民出版社1986年版，第435页。

农民不轻易放弃经营少量土地的情况，又可节省大量投资，也应该大力提倡①。

进入20世纪90年代，国家明确了引导和促进乡镇企业集中的发展取向。1997年1月1日起施行的《中华人民共和国乡镇企业法》第二十六条规定，地方各级人民政府按照统一规划、合理布局的原则，将发展乡镇企业同小城镇建设相结合，引导和促进乡镇企业适当集中发展，逐步加强基础设施和服务设施建设，以加快小城镇建设。1997年3月11日，中共中央、国务院转发农业部《关于我国乡镇企业情况和今后改革与发展意见的报告》提出，发展乡镇企业要十分注意从原来的分散布局向相对集中、连片开发转变，与工业小区和小城镇建设互为依托，互相促进，共同发展，以节约土地，减少公共设施投入，保护和建设环境，提高聚集效应，带动第三产业的发展，增加就业容量。各地区要统筹规划，制定相应的鼓励政策，加强基础设施建设，引导乡镇企业与工业小区和小城镇建设有机结合起来，促进经济和社会的协调发展。以后的中央文件，反复强调要引导乡镇企业向有条件的小城镇、县城、工业园区集中。

乡镇企业逐步向小城镇、工业园区集中，改变了乡镇企业"天女散花""孤岛式"分散发展格局，也走出了中

---

① 《国务院公报》，1984年第5号。

国特色农村城镇化道路。随着城镇化的发展，又形成了乡镇企业向城镇和工业园区集中的聚集力，促进了农村人口向城镇聚集。不少乡镇企业发展壮大后，在小城镇已难以实现更进一步的发展，从减少交易成本和拓展发展空间出发，将总部转移到大中城市，只把生产部分留在产业园区和小城镇，以保留劳动力和土地成本低的优势。

产业园区的快速发展，其产业集聚能力进一步提高。到20世纪90年代初，乡镇企业布局极为分散的状况仍然很明显。据统计，1992年，全国2000多万个乡镇企业，有80%分散在村落原野，有7%在行政村所在地，只有不足12%在集镇，在县城以上的极少[1]。2010年，乡镇企业分散发展状况明显改变，全国有乡镇企业园区9854个，入驻企业1107967家，从业人员2778万人，比2005年增长39.4%；总产值达132787亿元，比2005年增长2.1倍，在全部乡镇企业总产值中的占比提升至28.6%，比2005年提高9.1个百分点。在乡镇企业集聚发展带动下，中国城镇化加快推进，全国小城镇增加到约3万个[2]。

---

[1] 姜春云主编：《中国农业实践概念》，人民出版社、中国农业出版社2001年版，第391页。

[2] 《全国乡镇企业发展"十二五"规划》，中华人民共和国农业部，2011年5月。

三、乡镇企业规模由发挥"船小好掉头"优势到为增强竞争力组建乡镇企业集团

乡镇企业异军突起,一个重要原因是经营机制灵活,发挥了"船小好掉头"的优势。改革开放初期,乡镇企业还只是国营企业的补充,与国营大中型企业相比,不仅设备简陋、技术落后,获得信息也迟缓。在这种情况下,乡镇企业为什么能够快速发展起来?这是因为在当时条件下,乡镇企业与国营企业相比,有自己的优势。一是由于实行企业独立核算、自负盈亏,在职工分配上不吃"大锅饭",在用人上不捧"铁饭碗",这是不同于当时国营企业的激励机制。二是企业规模小,且以轻工业为主,所需投资少,易于起步。三是自主权比较多,"船小好掉头",因而容易根据市场需要,很快实现转产。四是没有像国营企业那样的制度化办社会的沉重负担。乡镇企业的这些优势,一定程度上抵消了设备简陋、技术落后等劣势。

随着乡镇企业的发展和国营企业的改革发展,市场竞争日益激烈。进入到这种发展阶段后,乡镇企业尽管"船小好掉头",但在日益激烈的竞争中也容易被淘汰,难以抓住新的市场机会。鉴于此,江苏、山东、广东等沿海地区将有一定发展基础,且具备一定规模的乡镇企业组建为

企业集团。

在总结一些地方实践经验的基础上，在全国推动乡镇企业的集团化发展。1992年1月3日，根据国务院制定的《中华人民共和国乡村集体所有制企业条例》及国家有关法规、政策，农业部发出《乡镇企业组建和发展企业集团暂行办法》（2007年11月8日农业部在法规清理中废止了该办法）。这一办法对乡镇企业集团进行了界定，即本暂行办法所指的企业集团，是以实力强大的乡镇企业为核心，以资产和名优产品生产经营为纽带，由若干个企业、事业单位在自愿互利、平等协商的基础上建立起来的，并由多层次组成的股份联合经济组织。办法明确企业集团组建不限于本社区，即企业集团可先在本社区范围内组建；有条件的，应积极发展跨地区、跨行业、跨部门、跨所有制的竞争性企业集团。办法明确了较高水准的进入和组建企业集团的取向。第九条规定了乡镇企业组建和发展企业集团应具备7方面条件，即：（1）企业集团的核心企业，必须是当地或同行业中经济实力、技术开发能力较强和管理水平较高的乡镇企业；（2）企业集团的主导产品，应是在国内市场具有较强竞争能力的产品，或者是重要的有发展前途的名优特新和出口创汇产品；（3）企业集团除核心企业外，必须有一定数量的紧密层企业，并应逐步有一批半紧密层和松散层企业；（4）核心企业与各成员单位之间，应通过资产和生产经营的纽带组成一个有机整体；（5）企业集团必须有共同遵守的章程，在章程中明确规定成员单位间的利益关系及其应承担的经济责任；（6）有健全的管理机构和财务管理制度；（7）国家法律、法规和政策规定的其他条件。对于被命名为全国乡镇企业集团，农业部还规定申请企业规模、效益、质量应具有较高的水平。主要规定有：核心企业总资产1亿元以上，年销售收入2亿元以上（年创汇1000万美元以上），年实现利税2000万元以上；核心企业必须是乡镇企业控股公司，企业集团成员单位需有跨地区、跨行业、跨所有制的企业；主导产品在全国有较高知名度，技术开发能力和管理水平居全国领先地位。按照条件，经企业申请，省乡镇企业局审核，符合条件后报农业部，最后由农业部审核、批准，登报公布。到1998年，经审核批准，达到条件的1235个企业成为全国乡镇企业集团。在进一步提高的基础上，一大批乡镇企业成为国内知名企业，不少走向国际市场。

四、乡镇企业的历史性贡献

农村工业、乡镇企业的发展，在国家经济社会改革发展中有着重大贡献。在解决"三农"问题层面，农村工业、乡镇企业的发展成为农业农村发展的重要力量，不仅促进了农业生产发展、农村基础设施建设、农村社会事业发展，还通过促进城镇化的发展、农民向非农产业的转移、农民收入的提升等拓展了农民的发展空间，成为破解"三农"问题的重要途径。在整个国家经济社会层面，农村工业、乡镇企业的发展，弥补了长期注重发展重工业的结构性问题，促进工业化发展而使我国成为全球制造业第一大国，促进国民经济快速增长而使我国成为世界第二大经济体。不仅如此，在高度集中的计划经济体制下，在原材料和产品销售上，依靠农民发扬"四千四万精神"在国家计划外寻找发展机会，在经营上的自主经营、自负盈亏，对职工实行能进能出和干部能上能下制度，先行成为经营机制灵活而适应市场经济的经营主体，为国有企业的改革发展提供了借鉴，在建立和完善社会主义市场经济体制上发挥了探路的作用。农村工业、乡镇企业发展的这些历史性贡献，决定其在中国式现代化进程中具有不可磨灭的历史地位。

乡镇企业的贡献，有阶段性，总体是呈日益拓展之势。农村工业、乡镇企业贡献的阶段性变化，呈现了农村工业、乡镇企业发展的历史场景和历史逻辑，也呈现了农村工业、乡镇企业的历史地位。

第一阶段，20世纪50年代初—70年代末，农村工业、社队企业的兴起促进农村社区集体经济发展，为农业现代化建设、农村基础设施建设、农村社会事业发展提供了重要支撑。

一是农村工业、社队企业的发展，增强了农村社区集体经济实力，促进了农村经济发展。社队企业由农村社区集体经济组织举办，是农村社区集体经济的组成部分，其发展增强了农村社区集体经济的实力。1976年2月15日，农林部向中共中央、国务院报告显示：据不完全统计，到1975年底，全国社队企业总收入约210多亿元（其中，公社企业和大队企业各占一半），比1974年增长约40%，在农村人民公社三级总收入中的占比上升到20.6%[①]。1976年和1978年，社队企业总收入分别为272.3亿元和431.4亿元，在人民公社三级总收入中的占比进一步提高到23.3%和29.7%[②]。1978年，全国社队企业总产值514.3亿元[③]，相当于农业总产值1397亿元的26.9%。

二是农村工业、社队企业的发展，为农村各项事业发展提供了资金支持。在整个国民经济实行农业养育工业的大背景下，基于农村集体经济组织统筹和积累发展起来的

[①] 马杰三主编：《当代中国的乡镇企业》，当代中国出版社1991年版，第537—538页。

[②] 马杰三主编：《当代中国的乡镇企业》，当代中国出版社1991年版，第59页。

[③] 何康主编：《中国的乡镇企业》，中国农业出版社2004年版，第219页。

社队企业，将一部分收入用于农村发展，即在农村范围开启了"以工补农"进程，促进了农业生产、农村基础设施建设、农村社会事业发展。1962年9月27日，中共八届十中全会通过的《农村人民公社工作条例（修正草案）》规定，公社企业的利润用于企业的扩大再生产、公社范围的生产事业及扶助生产上有困难的生产队。换言之，社队企业实行"以工补农"，不是现今所说的企业社会责任，而是一项国家规范的制度安排。1978年，全国社队企业将净利润总额88.1亿元中的30.3亿元[①]，用在支农建农及补助社会，这是当年国家财政支农资金总额150.7亿元的近1/5。1978年，社队企业直接支援农业的投资达26亿多元，是当年国家农业基本建设投资的60%多[②]。在社队企业发展较早和较快的江苏省无锡县"以工补农"力度更大。1971—1978年，因为社队企业的快速发展，全县来自农村的税收从200多万元增加到3600多万元，进而使全县税收从1200万元上升到6500万元。1971年起的8年间，全县社队工业利润用于农业投资的资金达1亿多元[③]，使农

[①] 何康主编：《中国的乡镇企业》，中国农业出版社2004年版，第222—223页。

[②] 《人民日报》社论——《认真整顿和发展社队企业》，《人民日报》，1979年9月10日第1版。

[③] 马杰三主编：《当代中国的乡镇企业》，当代中国出版社1991年版，第82、84页。

机、电灌站、地下渠道等农业生产条件实现较大改善[①]，促进了农业生产的发展。如果没有社队工业的支持，农业生产要达到这样的高速度发展是不可能实现的。

三是农村工业、社队企业的发展，在促进农民增收并向非农发展方面发挥了示范作用。1978年，全国社队企业从业人员尽管只有2826.6万人，但其在促进农民增加收入并向非农转移方面发挥了显著的示范效应。这一年，全国社队企业工资总额为866431万元，从业人员年平均工资收入达306.5元，是当年全国农民人均纯收入133.6元的2.3倍；按全国乡村人口79014万人计算，把全国农民人均纯收入拉高10.96元。正因为如此，尽管国家没有把社队企业纳入生产资料供给和产品销售计划之内而不利于其发展，但由于社队企业发展给农民带来增收的实惠，因而农民以极大热情发展社队企业。

第二阶段，20世纪70年代末—90年代初，乡镇企业异军突起，成功走出中国特色农村工业化道路，促进了"三农"发展，促进中国工业城乡分布结构变迁，弥补了偏重重工业而轻工业发展滞后的结构性问题，推进了整个国家

---

① 根据典型调查，把一般农田建成稳产高产粮田，基本实现农业机械化，每亩需要投入资金300元。但是，在当时，农业自身积累每年每亩只能提供9.8元用于扩大再生产，照这样的速度，用30年的时间才能完成。无锡县雪浪公社在社队工业提供资金的情况下，只用了6年时间就达到了这个水平。江苏社会科学院经济研究所编辑：《江苏社队企业经济文选》，江苏省社会科学院经济研究所印，1981年版，第4页。

经济的快速增长。

一是农村工业化和乡镇企业异军突起促进了"三农"发展。随着改革的推进，随着工业由城市向农村扩散，随着农村改革成功突破后农民收入增加和更多农村劳动力可以从事非农产业，乡镇企业在"四个服务"的基础上，快速向工业的其他产业拓展，成功走出了农村工业化道路。1978年社队企业中二、三产业产值合计为456.9亿元，即只相当于当年农业总产值的35.4%[1]。1986年，乡镇企业中的二、三产业产值合计达3472.1亿元，是农业总产值的1.15倍，首次超过农业总产值，是中国农村经济发展史上的一个里程碑。1978—1991年，乡镇企业中工业企业从业人员由1734.4万人增加至5814.9万人，在整个乡镇企业从业人员总数中的占比都在60%以上，分别为61.4%和60.5%；乡镇企业中的工业企业由79.4万个增加至742.7万个，在整个乡镇企业总数中的占比分别为52.1%和38.9%；乡镇企业工业增加值由159.5亿元增加到2227.1亿元，在整个乡镇企业增加值中的占比保持在75%左右，分别为76.6%和74.9%。

---

[1] 马杰三主编：《当代中国的乡镇企业》，当代中国出版社1991年版，第152页。

表8-1　1978年和1991年全国乡镇工业[①]企业占比情况

年份	企业数（个）		从业人员（人）		增加值（万元）	
	总数	工业企业	总数	工业企业	总数	工业企业
1978	1524268	793977	28265566	17343595	2083224	1595492
1991	19087422	7426691	96136273	58149265	29721456	22271497

资料来源：何康主编：《中国的乡镇企业》，中国农业出版社2004年版，第216—218页。

农村工业和乡镇企业的发展，促进了农村城镇化和农民就地非农化发展。一方面，在改革初期，社队企业散落在乡村发展，使农民实现就地转移。江苏省常熟市"离土不离乡，进厂不进城，亦工又亦农，集体同富裕"的碧溪之路在全国广为推介[②]。1978—1991年，乡镇企业从业人员由2827万人增加到9614万人，在农村劳动力中的占比由9.2%提高到22.3%[③]。另一方面，在改革开放初期城市吸纳农村劳动力能力较弱的情况下，乡镇企业和商品经济的发展，促进一些农民从农业中分离出来到小城镇经商创业。随之，小城镇快速发展，星罗棋布，走出中国特色农村城镇化之路。全国乡镇数由1978年的52781个增加至1991年的55542个，镇数由1985年的7956个（1978年全国

---

① 按产业分类，乡镇企业分为农业企业、工业企业、建筑业企业、交通运输企业、批发零售贸易企业、旅游饮食服务企业及其他企业。

② 参见郑有贵：《苏南模式向现代企业制度转换——以常熟市及其4个企业为例》，《教学与研究》，2002年第12期。

③ 何康主编：《中国的乡镇企业》，中国农业出版社2004年版，第100页。

建制镇2850个[①]）增加至1991年的11882个。1978—1991年全国城镇化率由17.92%增加到26.94%。

农村工业和乡镇企业的发展，促进农村社区集体经济发展，进而促进了农村公共事业发展和基础设施建设。1979年7月3日，国务院发布的《关于发展社队企业若干问题的规定（试行草案）》，非常明确地提出了发展社队企业对于壮大集体经济，进而促进农业生产发展和提高农民收入的意义。中共十一届三中全会起，乡镇企业多轮驱动发展，集体企业和非公有制企业共同发展。1978—1991年，乡镇企业中集体企业固定资产原值，由229.6亿元增加至2626.3亿元，在整个乡镇企业固定资产原值总额中所占份额由100%下降至77.6%。1978—1991年，乡镇企业中集体企业利润总额由95.5亿元增加至399亿元，在整个乡镇企业利润总额中所占份额由100%下降至49%。其中，净利润则由88亿元增加至284.7亿元。1991年，尽管集体企业利润在整个乡镇企业利润总额中的占比下降至不足五成，但实缴税金244.3亿元，在乡镇企业实缴税金总额365.1亿元中的占比高达66.9%。1978—1991年，乡镇企业支农建农及补助社会支出由30.3亿元增加至154.8亿元[②]。

[①] 姜春云主编：《中国农业实践概念》，人民出版社、中国农业出版社2001年版，第384页。

[②] 何康主编：《中国的乡镇企业》，中国农业出版社2004年版，第223页。

农村工业、乡镇企业的发展为"三农"发展提供了资金支持。在农村社区集体经济组织统筹和积累机制下，农村基础设施建设和社会事业稳步发展。

二是促进了偏重重工业而轻工业发展相对滞后的结构性问题的解决。农村工业的发展，成为国家工业化的"另一条腿"，促进了国家工业化的快速发展。1978—1991年，农村工业实现了比城市工业更快的增长，乡镇工业增加值由159.5亿元增加到2227.1亿元，因而在全国工业增加值中的占比由9.9%增加到27.5%，即在全国工业增加值中的占比提高了17.6个百分点，这为国家工业化发展作出了突出贡献。

农村工业的发展，促进了民生工业的发展。改革开放前，中国在实施国家工业化战略时，偏重发展重工业，轻工业发展相对滞后。这样一个结构性问题，成为社队企业及之后的乡镇企业的发展机会。受技术落后和资金不足的限制，乡镇企业在起步之际，都是立足当地具体条件，本着坚持为农业生产服务、为大工业服务、为城乡人民生活服务、为外贸出口服务，逐步发展起来的。改革开放初期，乡镇企业以发展满足民生需要的轻工业为主，为满足民生需要作出了贡献。尤其突出的是，在改革开放初期，珠江三角洲发挥毗邻港澳的区位优势，通过"三来一补"方式，轻工业实现快速增长。

农村工业、乡镇企业的发展,促进农村经济快速发展,也促进了整个国民经济的发展。1991年乡镇企业增加值2972亿元,在农村社会增加值中的占比为36%,在全国国内生产总值21618亿元中的占比为13.7%。

第三个阶段,20世纪90年代初起,乡镇企业向公司制转变,其发展在国家工业化、城镇化和经济增长中发挥日益重要的作用,而在促进农村社区集体事业发展方面的作用日渐褪去。

乡镇企业是中国成为全球制造业第一大国的重要力量。2010年,中国乡镇企业工业增加值77693亿元,在全国工业增加值160722.2亿元[①]中的占比达48.3%。到2014年,全国农村工业总产值在全国工业总产值中的占比超过50%,即农村工业占据整个工业的"半壁江山"[②]。

乡镇企业的发展,成就了中国向世界第二大经济体迈进。改革开放以来,乡镇企业增长速度快于整个国民经济增长速度,进而乡镇企业增加值在国内生产总值中的占比逐步提升,由1991年的27.5%,提高到2000年的30.4%[③],可谓三分天下有其一;尽管之后这一占比有所下降,但

[①] 《中国统计年鉴(2013)》,中国统计出版社2013年版,第44页。

[②] 布赫:《全国人大常委会执法检查组关于检查〈中华人民共和国乡镇企业法〉实施情况的报告——2000年7月6日在第九届全国人民代表大会常务委员会第十六次会议上》,《中华人民共和国全国人民代表大会常务委员会公报》,2000年第4期。

[③] 何康主编:《中国的乡镇企业》,中国农业出版社2004年版,第181页。

2005年仍为27.3%，2010年达28.2%[1]，为中国成为世界第二大经济体作出了贡献。

乡镇企业的发展，促进了"三农"问题的解决。一是继1962年的《农村人民公社工作条例（修正草案）》规定公社企业的利润用于公社范围的生产事业及扶助生产上有困难的生产队，1997年施行的《中华人民共和国乡镇企业法》又将乡镇企业促进农村发展纳入法律规定。《中华人民共和国乡镇企业法》第十七条规定，乡镇企业从税后利润中提取一定比例的资金用于支援农业和农村社会性支出，其比例和管理使用办法由省、自治区、直辖市人民政府规定。从1978年到2007年的30年间，乡镇企业用于支农、补农、建农的资金达4012亿元，显著改善了农业生产条件，增加了农业技术装备。二是促进农民向非农产业发展。2014年，累计转移农村剩余劳动力1.6亿人以上，对农民人均纯收入贡献达35%[2]。三是促进农业现代化发展和一二三产业融合发展。2014年，中国乡镇企业产值在农

---

[1] 参见宗锦耀、陈建光：《历史不会忘记乡镇企业的重要贡献——为纪念我国改革开放四十周年而作》，http://www.moa.gov.cn/xw/bmdt/201807/t20180731_6154959.htm.

[2] 参见宗锦耀、陈建光：《历史不会忘记乡镇企业的重要贡献——为纪念我国改革开放四十周年而作》，http://www.moa.gov.cn/xw/bmdt/201807/t20180731_6154959.htm.

村社会总产值中的占比达87%[①]。

中共二十大强调,扎实推动乡村产业振兴。随着乡镇企业向城镇、产业园区集中,特别是乡镇企业实施产权制度改革后,乡镇企业脱离农村社区集体经济组织,农村集体经济弱化,有的甚至成为"空壳村",破解城乡二元结构难题的任务更为艰巨。新时代促进农村一二三产业融合发展,将为全面推进乡村振兴奠定产业发展的基础。

[①] 参见宗锦耀、陈建光:《历史不会忘记乡镇企业的重要贡献——为纪念我国改革开放四十周年而作》,http://www.moa.gov.cn/xw/bmdt/201807/t20180731_6154959.htm。

后 记

本书是国家社会科学基金重点项目"中国共产党百年工农关系政策演变研究"（项目编号：21AZD101）和中国社会科学院马克思主义理论学科建设与理论研究工程重大项目"中国共产党解决'三农'问题百年道路、伟大成就和基本经验研究"（项目编号：2021mgczd009）的阶段性研究成果。

在写作中，本书除引用中央及有关部门文献外，还引用了马杰三主编的《当代中国的乡镇企业》、何康主编的《中国的乡镇企业》、张毅和张颂颂编著的《中国乡镇企业简史》、朱荣等主编的《当代中国的农业》中的史料，并参阅了学界研究成果。北京人民出版社的单明明老师悉心审改，当代中国研究所的周进老师给予多方面帮助。在此一并表示衷心感谢。

作者
2023年5月